El libro negro de la

# PERSUASIÓN

Conozca las 23 leyes que
mueven nuestras voluntades

Alejandro Llantada

El libro negro de la

# PERSUASIÓN

## Conozca las 23 leyes que mueven nuestras voluntades

Título de la obra: *El libro negro de la Persuasión*

Derechos reservados © en 2013, por Alejandro Llantada Toscano

No. Registro: 03-2013-061810211500-01

# Contenido

*Con agradecimiento profundo a mis seres queridos.*

# PRÓLOGO

Mi curiosa mente hizo lo que siempre suele hacer al escuchar una palabra. Prólogo: del griego πρόλογος prólogos; compuesta por el prefijo pro: "antes que" o "en favor de" y λόγος -lôgos: "palabra o discurso". Por lo tanto el prólogo es lo que se encuentra antes que la palabra.

Siempre he sido un amante de la Semiótica y por lo tanto de la Semántica, que es la rama de la Lingüística que estudia el significado y el origen de las palabras; y es que estoy convencido de que cuando conocemos el origen de las palabras podemos relacionarnos mejor con ellas y a un nivel más profundo y complejo. Prólogo = "Antes que la Palabra", pero… ¿Qué hay antes que las palabras?

Antes que las palabras hay una intención. Y esta intención existe porque los seres humanos somos un caldero hirviendo en deseos. Deseamos cosas y nuestras acciones van encaminadas en conseguirlas, por lo que si usamos el lenguaje en todas sus variables es porque logramos algo con él. Como Consultor en Imagen Pública he sido un estudioso y continuo practicante de la Propaganda, de hecho los Consultores en Imagen Pública somos propagandista por excelencia, pues es a la ciencia a la que recurrimos cada vez que queremos despertar emociones en las audiencias para moverlas hacia los lugares donde están los objetivos de nuestros clientes. Propagar es multiplicar, extender, difundir el conocimiento de algo o la afición a ello; pero ¿con qué fin?, ¡pues con el fin de persuadir!

Siempre les defino a mis alumnos del Colegio de Consultores en Imagen Pública la palabra Propaganda como "la acción y el efecto de dar a conocer algo con el fin de ganar adeptos para persuadirlos". Persuadir es mover, inducir, incitar, provocar y hasta obligar a alguien a hacer o creer algo que nos beneficie en la satisfacción de nuestros deseos; y este libro puede ayudarte a conseguir lo que deseas.

El fenómeno de la persuasión no es para estudiarlo ni para entenderlo, sino para obtener resultados mediante nuestras acciones. Acciones que en el "Libro Negro de la Persuasión" se transforman en leyes a las que Alejando Llantada les puso nombre y apellido, para familiarizarnos con ellas y poder usarlas a nuestro favor o blindarnos contra su poder.

Madame de Staël, la célebre opositora de Napoleón, dijo que "al inteligente se le puede convencer; al tonto, persuadir", dándonos a entender que la palabra persuasión tiene una carga emocional un tanto negativa. Pensamos que el que persuade manipula y acomoda las cartas a su favor... ¡Y es cierto! Pero esto no tiene por qué ser negativo. Manipular es transformar, convertir una cosa en algo diferente, poder encauzar por buen camino lo que nos rodea; y creo que uno de los principales aportes de Llantada es que nos aleja del mal olor que normalmente produce la palabra persuasión. De hecho nos enseña a comprenderla, a usarla, a abrazarla, a respetarla y hasta a quererla.

Los grandes líderes han utilizado estas técnicas. Sabios milenarios como Sun Tzu o pensadores renacentistas como Maquiavelo las han enseñado. Autores contemporáneos como Dale Carnegie o Robert Greene las han retomado creando multipremiados Bestsellers. Y hoy, tú tienes entre las manos un libro que los reúne a todos y te introduce de manera amena y sencilla al fascinante mundo de la persuasión.

Como este libro pocos. Tú decides si sigues leyendo o sigues siendo incauto. Yo de momento puedo asegurarte que este libro te ayudará a lograr tus objetivos... y por cierto... este prólogo fue escrito usando muchas de las leyes que en este libro encontrarás.

*Álvaro Gordoa*
México, D.F., 30 de agosto de 2013

# INTRODUCCIÓN

Toda mi vida estuve a merced de manipulaciones invisibles, hasta que encontré en una carpeta antigua con apuntes de mi padre, una frase que hablaba de una "ley de ventas". Era algo tan simple y a la vez tan poderoso que realmente me abrió los ojos y el entendimiento.

Esta carpeta de casos de Harvard hablaba de la "ley de reciprocidad". Descubrirla representó solo el principio de una extensa investigación en libros y pláticas con varios expertos en ventas, psicología social y persuasión. Pero, ¿qué es eso de la ley de reciprocidad? Es algo muy sencillo, se percibe cuando una persona hace algo por ti o te regala algo, por ejemplo, una pluma fina. ¿Quién no se ha sentido, consciente o inconscientemente, en deuda ante una situación como esta?

Si hacemos un esfuerzo por recordar, podremos ver que hemos sido víctimas de esta ley, siendo seducidos para realizar cosas que quizá no queríamos. Como cuando de niño acompañé a mi mamá en una aventura llamada "tiempo compartido": un truco mercadológico que empieza ofreciendo un desayuno gratuito y como premio, un viaje todo pagado a Cancún. Una vez ahí, después de anunciar el "premio", un grupo grande de personas gritan brindando por tu nueva adquisición, mientras preguntas apenado, ¿qué se supone que compré? Con esta y otras artimañas orillan a la gente a aceptar un contrato truculento y costosísimo de por vida. Muchos se sienten obligados a firmar y "adquirir" un departamento que podrá utilizar dos veces por año, después de tanta atención falsa, obsequios y ese anuncio a los cuatro vientos sobre su supuesta decisión de compra. Un ejemplo de muchos del por qué debemos conocer estas leyes. Aunque sé que está pensando, "a mí no me pasaría". ¡No esté tan seguro!

El cuaderno "Harvariano" de mi padre no fue lo único que me motivó en esta búsqueda sobre los botones psicológicos del ser humano, sino la inquietud de responder a esta pregunta: ¿qué es lo que hace que yo haga algo?

En esa misma época, un profesor de filosofía me hizo reflexionar con una pregunta: "¿Los seres humanos somos libres?". Después de una serie de dimes y diretes y de repasar las filosofías kantiana, estructuralista y otras tantas que no recuerdo, el profesor, mis compañeros y yo llegamos a la conclusión de que no, no somos libres. Todo el mundo nos influye de cierta forma; es más, existen empresas e instituciones dedicadas específicamente a persuadirnos para realizar algo que no necesariamente queremos hacer. Y si somos sinceros, esta situación no es ajena a nuestro círculo íntimo de influencia personal. Usted, yo y el mundo entero estamos todo el tiempo influyendo y siendo influidos por otros, y no solamente por vendedores, partidos políticos o agencias de publicidad. Cónyuges, niños, sacerdotes, profesores, aplican estos poderosos principios, algunos sin saberlo.

Con la misma casualidad (o destino), encontré a Robert B. Cialdini, un famoso autor de los años ochenta, quien habla de algunos principios en el arte de convencer. De él leí un ejemplo muy ilustrativo: un psicólogo social hizo una encuesta de opinión a residentes de cierta zona preguntándoles qué es lo que ellos harían si se les pidiera que utilizaran tres horas de su tiempo para recolectar dinero a favor de una fundación contra el cáncer. Todos dijeron que con gusto aceptarían (con tal de quedar bien en la encuesta y no parecer egoístas ante el encuestador). Lo que no sabían es que inmediatamente después, iban a mostrarles cómo podían hacerlo desde ese mismo momento. Por haber dicho en primera instancia que sí lo harían, se sintieron obligados a aceptar gracias a algo llamado consistencia.

Investigando, ya sin tanta suerte y con más intencionalidad, encontré que existen diversos estudios en psicología social que sustentan ideas que descubrí, algunas de forma heurística, otras por investigación y que plasmé en esta obra como leyes comprobadas por muchos experimentos y por mí mismo.

Mi ofrecimiento es que si usted lee este libro, sabrá discernir todas las manipulaciones (algunas buenas, otras malas, otras necesarias) a las que se enfrenta cada día: el anuncio del yogur que apoya a niños con cierta discapacidad (ley del chantaje, ley del inconsciente, ley de asociación); el candidato que dice que si hubiéramos votado por él estaríamos mejor (ley del antagonismo, ley de consistencia, ley del contraste); cuando el sacerdote nos cuenta una parábola (ley de la metáfora); cuando queremos entrar a un lugar aunque esté lleno hasta el tope (ley de la prueba social).

En fin, toda situación por la que nos veamos condicionados e influidos para actuar, la revelaré en este libro de forma consciente, comprensible y le daré un nombre. Esto le posibilitará también para aplicar el conocimiento al revés, a su conveniencia. Claro que la ética de cada persona tendrá que estar presente para el adecuado uso de este poder.

La pistola está cargada y en este momento la pongo en sus manos, usted sabrá si la usa en defensa propia, para salvar vidas o para abusar de los demás. Su naturaleza original no cambia; la bala disparada siempre penetra, de eso que no quepa la menor duda.

1. LEY DE RECIPROCIDAD: *Lo que da, recibe.* Si recibe algo que valora, siente el deseo de corresponder con algo de igual o mayor valor.

2. LEY DE CONTRASTE: *El blanco lo es más en fondo negro.* Cuando dos cosas se comparan y son realmente diferentes, una mejor y otra peor, resulta más fácil notarlo y decidirse por la mejor.

3. LEY DE AFINIDAD: *¿Por qué no?, si me cae bien.* Si alguien que considera que le aprecia de alguna forma o que se interesa honestamente por usted, le pide algo, se siente orillado a dárselo.

4. **LEY DE EXPECTATIVA**: *Lo que piense, eso será.* Lo que presupone de otra persona se hará verdad, para bien o para mal. Consciente o inconscientemente, nuestras expectativas se cumplen.

5. **LEY DE ASOCIACIÓN**: *Si lo usa James Bond es bueno.* Se asocian las cosas y las ideas con la gente que las usa o recomienda. Si pensamos algo positivo o negativo de esa persona, lo relacionaremos.

6. **LEY DE CONSISTENCIA**: *Si así lo dije, entonces así lo hago.* Si se hace una afirmación donde exista un registro o testigo, se tenderá a ser consistente y congruente con lo que se dijo en presencia de la gente que la leyó o escuchó. Si uno cree que algo es bueno o malo, tenderá a justificar su actuar conforme ese patrón.

7. **LEY DE ESCASEZ**: *Entre menos hay, cuesta más.* Es la ley de oferta y la demanda. Cuando algo que se desea se percibe como escaso, la gente tiende invariablemente a pensar que es de gran valía. Si existe en abundancia y cualquiera lo puede tener, es barato y a veces indeseable.

8. **LEY DE AUTORIDAD**: *Lo hago porque el doctor me dijo.* Cuando se percibe a alguien como autoridad, se le obedece hasta límites insospechados.

9. **LEY DEL CHANTAJE/COERCIÓN**: *Si no lo hace, verá.* Cuando alguien amenaza o promete algo a cambio de que la otra persona haga o deje de hacer determinada cosa, condiciona apelando a sentimientos sabiendo que afectará el comportamiento. Se trata de coerción; un chantaje.

10. **LEY DEL ATRACTIVO**: *Me veo bien y me hace caso.* Si se considera a una persona o cosa como bella o atractiva, es más propenso a acceder a lo que se pida en su nombre.

11. **LEY DEL PODER**: *Si me da poder, lo sigo.* Si un personaje hace creer que gracias a él se pueden obtener beneficios de tipo sexual,

político, amoroso, económico o espiritual, será seguido, aceptado y a veces amado. El deseo de poder del otro, le da poder.

12. **LEY DEL INCENTIVO:** *Gane al estar conmigo.* El ser humano actúa por estímulos, hará o aceptará cualquier cosa que crea que le conviene para realizar sus intereses particulares.

13. **LEY DEL INCONSCIENTE:** *Conduzca mis sueños.* La mente inconsciente actúa al mismo tiempo que la consciente, con la diferencia de que las personas no se dan cuenta. Es la parte sumergida del iceberg. Quien guíe el inconsciente dirige en gran parte la voluntad de la gente.

14. **LEY DEL ANTAGONISMO:** *Todos contra él.* Cuando existe un enemigo, real o imaginario, contra el cual luchar, las voluntades individuales se unen en lo colectivo y se enfocan en un fin común. Estar en contra de algo influye a todos, es inclusive una ley para sobrevivencia de la especie.

15. **LEY DEL PRECEDENTE:** *Le creo porque ya ha pasado.* Cuando hubo algo anteriormente que se creyó que funcionó o existió, se percibirá como muy posible que vuelva a suceder.

16. **LEY DE LO ESCRITO:** *Aquí dice y es palabra de Dios.* Lo que se dice escrito es más fuerte que lo que se dice sin que quede registro.

17. **LEY DE LA FE:** *Crea en mí y le daré un propósito.* La gente accede a mucho por fe. Puede hacer que la gente lo siga y obedezca si logra proyectar una esperanza en algo sublime.

18. **LEY DE LA METÁFORA:** *Si digo corazón, entienda amor.* La realidad es dura y cruel, una idea indirecta (metáfora) es mucho más fácil de asimilar.

19. **LEY DE LA SORPRESA:** *¡Qué detalle!, no me lo esperaba.* Lo que no se espera y es agradable, convence.

20. **LEY DEL ELOGIO:** *¡Qué inteligente es usted!* Todos somos vulnerables al halago, es difícil resistirse.

21. **LEY DE PRUEBA SOCIAL:** *Tanta gente debe tener razón.* El que más gente piense o haga algo en particular, influye para creer que ese algo es aceptable o bueno.

22. **LEY DE SIMPLICIDAD:** *Te quiero porque te entiendo.* Si expresa algo de manera simple, agradará e influirá mejor.

23. **LEY DEL YO SOY:** *Todos somos uno.* Compartimos un espíritu que nos une, si se recuerda esta verdad nos reconocemos en el otro.

Las personalidades más convincentes de la historia han aplicado más de uno de estos principios para lograr sus objetivos, pero no solo ellos lo han hecho. Todos los políticos, los religiosos, los mercadólogos, los consultores en imagen pública, los publicistas, usted y yo lo hacemos, a veces con conocimiento de causa pero la mayor parte del tiempo lo hacemos sin saberlo. ¿Quién no ha chantajeado a su novia o a su esposo? ¿Quién no ha comprado algo caro solo porque no es muy común? ¿Quién no ha sido víctima de una persona atractiva haciendo algo que uno no quería?

Estas leyes son tan poderosas que vale la pena analizarlas para profundizar en su comprensión. Las escuelas y universidades deberían enseñarlas como parte de la formación fundamental de cualquier estudiante ya que al conocerlas y aplicarlas lograrían un mejor desempeño en su vida profesional y personal.

Es necesario estar prevenidos para no ser víctimas de la manipulación malintencionada de terceros y esto solo se puede lograr conociendo las leyes de persuasión. Conocer los hilos que mueven las voluntades le será muy útil tanto para defenderse de su influencia como para utilizarlos benignamente a su favor.

*Alejandro Llantada*
México, D.F., 26 de Junio de 2013

# 1. LEY DE RECIPROCIDAD
## Lo que da, recibe

*"A toda acción le corresponde una reacción de igual magnitud y en sentido contrario".*
Isaac Newton

**Si recibe algo que valora, siente el deseo de corresponder con algo de igual o mayor valor.**

La vida es un bumerán. Lo que hace, se lo hacen, y lo que da, eso recibe. Para bien y para mal (1).

Había una vez un pobre granjero escocés que escuchó un lamento en un pantano. Al aproximarse descubrió a un joven que poco a poco se ahogaba en el lodo y en el estiércol, así que sin pensarlo salvó al muchacho de una muerte espantosa. Al otro día, un acaudalado noble llegó a su humilde vivienda (era el padre del muchacho que había salvado). En señal de gratitud, este noble le ofreció al granjero pagar los estudios de su hijo en las mejores universidades. Muchos años después, el hijo del noble enfermó de pulmonía, pero Alexander Fleming le salvó la vida, era el hijo del granjero que se había graduado en la escuela médica del St. Mary´s Hospital en Londres y había inventado la penicilina. Por cierto, el hijo del noble era Winston Churchill. Favor con favor se paga.

La ley de la reciprocidad dice que lo que usted da, lo recibe. Es la causa que tiene un efecto. En física dicho principio sostiene que a toda acción le corresponde una reacción de igual magnitud y en sentido contrario.

En antropología cultural, el término reciprocidad significa el intercambio de bienes y trabajo. Es la forma común de interactuar en sociedades que no se dedican a la compra-venta de bienes o servicios (2).

La reciprocidad se puede encontrar en todas las culturas desde la antigüedad. Un ejemplo que nos ilustra es el de los incas y otras culturas prehispánicas. Ellos no tenían ni moneda ni mercado. Tenían que dar algo a cambio de un bien o servicio recibido. La reciprocidad no se exigía, se pedía. A quien se le solicitaba algo no podía negarlo, si acaso se demoraba en responder. Este principio de reciprocidad se encuentra en nuestra vida cotidiana de muy diversas maneras.

### Ya le di, ahora deme

Camina por la calle y de repente una niña indigente le pega una estampita con una carita feliz en la ropa. Sorprendido, se siente obligado a corresponder con una moneda. Esto sucede muy seguido en lugares públicos y en culturas diversas. En Estados Unidos el grupo religioso de los *hare krishnas* era famoso por colocar flores en las solapas de los transeúntes y la persona que recibía el detalle, abrumada, correspondía con dinero. Llegaron a generar recursos importantes con este método, hasta que llegó un momento en que saturaron a la gente y perdió efectividad.

La reciprocidad está profundamente arraigada en muchas interacciones sociales. Estudios psicológicos demuestran, por ejemplo, que las camareras sonrientes obtienen más propinas que las que son menos amistosas. Se da una sonrisa, se obtiene una propina. (3)

Las peticiones de contribuciones para obras de caridad son a menudo acompañadas de pequeños regalos. Al parecer, las organizaciones benéficas saben que esto aumenta la propensión a donar. En general, es probable que generen sentimientos que obligan a muchas personas a pagar la deuda psicológica con un donativo (4).

En ventas, un ejemplo significativo de reciprocidad es el uso de muestras gratuitas. En los supermercados, los clientes utilizan con

15

frecuencia pequeñas cantidades de un determinado producto de forma gratuita. A muchas personas les resulta muy difícil aceptar las muestras que una demostradora sonriente les ofrece sin tener que comprar nada a cambio. Otras incluso compran el producto aunque no les guste mucho (4).

El poder normativo de la reciprocidad también tiene un impacto importante en cuestiones de política social. La opinión pública aprueba o desaprueba cualquier decisión de un Gobierno tomando en cuenta las recompensas, independientemente de si contribuyen de fondo o no a la sociedad y en qué medida (5).

## Ojo por ojo

La reciprocidad no es privativa nada más de cuestiones materiales, también está presente en el orden moral, así como en las relaciones interpersonales. Se le llama "la ley de oro". El acto de retribuir un favor o una dádiva, es bien entendido en cualquier filosofía y religión. Confucio, por ejemplo, lo clarifica así: "Cuando uno cultiva al máximo los principios de su naturaleza y los ejerce en el principio de reciprocidad, no está lejos del camino. Lo que no te gusta que te hagan a ti, no lo hagas a los demás". En el budismo se le llama ley karmática o de causa y efecto. A la inversa es lo que conocemos como la ley del Talión (del latín *talis* idéntico).

La reciprocidad en el ser humano es básica para la sobrevivencia de la especie. Es un mecanismo casi automático que implica evolución y civilidad. Cuando se desaprovecha o se ignora, la consecuencia puede ser simplemente que se vuelva en nuestra contra y que seamos detestados o ignorados. Dé y recibirá, muchas veces, hasta de más.

*"El efecto ya florece en la causa".*
Buda

# 2. LEY DE CONTRASTE
## El blanco lo es más en fondo negro

*"La enfermedad hace buena y agradable la salud; el hambre, a la saciedad; el trabajo, al reposo".*
Heráclito

**Cuando dos cosas se comparan y son realmente diferentes, una mejor y otra peor, resulta más fácil notarlo y decidirse por la mejor.**

Contraste es la oposición de figuras, de situaciones, fortuna, costumbres, benevolencia, belleza o credulidad. El contraste es lo que permite sopesar una realidad al presentarla con un aparente opuesto: luz-obscuridad, día-noche, bajo-alto, grande-pequeño, etc., pero también se genera con elementos que no tienen una relación binaria como belleza-bondad, precio-calidad, clásico-innovador y cualquier otra que a usted se le ocurra.

Voltaire dijo: "No es lo mismo que dos cosas contrasten a que sean contradictorias. No es contradictorio que el papa fuese adorado en Roma y quemado en Londres el mismo día, y que mientras le llamaban vicediós en Italia, recorriera las calles de Moscú representado por una figura de cerdo para divertir a Pedro el Grande.

Mahoma, que la mitad del mundo coloca a la derecha de Dios, también es mirado como un impostor por la otra mitad de los habitantes de la Tierra. Tales contrastes reflejan una relación que va más allá de lo inmediato y aparente, porque entran en juego creencias, estilos de vida, intereses, personalidades y marcos conceptuales diversos.

Contradictorio, por ejemplo, es querer morir cuando se está vivo, odiar a un ser amado o matar a quien te da de comer como en el caso de la naturaleza. Lo contradictorio siempre contrasta, pero lo que contrasta no siempre es contradictorio" (6).

En general se dice que el oponente genera contraste, pero la dualidad del *ying-yang* explica que todo es parte de lo mismo, y si el blanco es la reunión de todos los colores, el negro es la ausencia de ellos. El mismo diablo, sinónimo de maldad, es Luz Bel o luz bella. El gran filósofo griego Heráclito, conocido como "El oscuro de Efeso" tiene una visión muy positiva: "La enfermedad hace buena y agradable la salud; el hambre, a la saciedad; el trabajo, al reposo".

*Se* ve más blanco en fondo negro. Cuando dos cosas se comparan y son diferentes o una es mejor, resulta más fácil notarlo y decidirse.

**Iluminación en la oscuridad de la muerte**
Salvador Dalí comentó alguna vez: "Mi abuela materna, Ana, que tenía noventa años, después de la muerte de una de sus hijas se sumió en una especie de locura lánguida. Se refugió en el pasado y evocaba con abundancia detalles de los episodios sobre su vida feliz. Hablaba a menudo en verso y recitaba a Góngora. Para ella, todos nosotros éramos unos extraños. Su único contacto con lo real tenía lugar durante las comidas, le entusiasmaban los merengues. Una hora antes de su muerte, se incorporó en el lecho y exclamó: ´Mi nieto será el más grande pintor catalán´. Luego se durmió para no despertar más. La inminencia de la muerte nos hace clarividentes" (7).

Esta pequeña anécdota de Dalí se alimenta de contraste: la "percepción extrasensorial" que permite la captación de hechos futuros, y que de forma tradicional se relaciona con la sabiduría, rompe el esquema de irrealidad en que vivía una anciana. En medio de los disparates cotidianos, de esa locura lánguida emerge una chispa de inspiración, lo que hace más notable el mensaje e incluso mejor que si proviniera de alguien generalmente lúcido o se presentara en cualquier otro momento y no justo antes de morir.

La iluminación en la oscuridad y el vaticinio que se reviste de una verdad fuera de este mundo, se toma como creíble y real gracias al contraste.

## Por diez pesos más

En la aplicación de esta ley para efectos de *merchandising* (la parte de la mercadotecnia que tiene por objeto aumentar la rentabilidad en el punto de venta), se opta por presentar conceptos contrastantes y no solo objetos en vitrinas y escaparates. Por ejemplo, en el mostrador de plumas de una tienda departamental, existen varias opciones exhibidas, pero sobresale, casualmente, una pluma fea con un descuento especial. Al lado colocan una pluma llamativa con un precio mucho más alto. El 63% de los consumidores optarán por la pluma más llamativa aunque tenga un mayor precio. La fea y devaluada aumenta el atractivo de la otra. El 37% restante optará por la pluma barata u otra opción intermedia (8).

La ley de contraste también se aplica inteligentemente en las hamburguesas de comida rápida. Cuando usted pide la orden y le ofrecen agregar tocino o aumentar el tamaño de las papas o el refresco por una mínima cantidad extra de dinero, el bajo precio provocará muy probablemente que acepte la oferta y que ellos se hagan millonarios con economías de escala, porque en realidad es más del 10% de diferencia en precio y más del 30% en ganancia. Lo mismo sucede cuando compra un traje y le ofrecen una corbata. Se ve tan barata comparada con el precio del traje, que acepta la ganga.

Los políticos suelen ser expertos en contrastarse con las debilidades de su competencia. Los oponentes del partido en el poder exhiben cifras de bajas inversiones, crecimiento nulo, problemas de inseguridad. Mientras el partido gobernante anuncia campañas para castigar la corrupción del pasado cuando gobernaba el partido ahora opositor. Al igual que la revolución del cubano Fidel Castro se enarbolaba como democrática, y lo era en ese momento en comparación a Batista; al final fue la dictadura más sólida de los últimos años.

Solemos compararnos casi todo el tiempo con otros. El ego tiene esta característica, es inherente a él. Es de la forma en que se expande y de esa misma semilla nacen la envidia y los celos. Es la que hace feliz al ego con la idea de un pasado y/o un futuro mejor y es esta la que hace que el mundo animal discrimine entre lo que es venenoso o no, fecundo o no, apto o no. La que hace evolucionar al mundo natural y la que en religión y moral nos hace distinguir entre bien y mal.

## Psique blanco y negro

En psicología social el efecto de contraste se refiere a las influencias de estímulos previos en la evaluación o juicio de otros nuevos. Existen infinidad de experimentos que tienen que ver con esta ley.

- Juicios sociales: Alguien parece más malo o más bueno si se contrasta. (DiVesta, 1961; Harvey & Sherif, 1957).
- Estimaciones de peso: Algo se siente más pesado al haber cargado antes algo liviano. (Sherif, Taub, & Hovland, 1958).
- Calificaciones de atractivo de mujeres: Una mujer se ve más bella contrastada. (Kenrick & Gutierres, 1980).
- Estudios de percepción visual: Algo no tan blanco se ve muy blanco en fondo negro. (Helson, 1964).
- Juicios en entrevistas: Alguien profesional lo es más si antes se entrevista a una opción deficiente. (Kopelman, 1975; Carlson, 1970).

Estos experimentos estudian el contraste entre dos estímulos y el resultado en todos los casos nos revela que comparar cosas muy diferentes ayuda a que uno de los dos estímulos sea percibido como mejor o más intenso.

Vístase de amarillo y sus dientes se verán más blancos que nunca. Póngase al lado de un feo y será bello. Compárese con alguien con menos dinero y se sentirá rico. La forma más rápida de mejorar lo que sea es contrastando.

20

*"Hay sombras oscuras en la Tierra, pero las luces son más fuertes en el contraste".*
Charles Dickens

# 3. LEY DE AFINIDAD
## ¿Por qué no?, si me cae bien

*"Si quieres ganar un hombre para tu causa, primero convéncelo de que eres su amigo sincero".*
Abraham Lincoln

**Si alguien que considera que lo aprecia de alguna forma o que se interesa honestamente por usted, le pide algo, se siente orillado a dárselo.**

Lewis Carroll se encontró en un vagón de tren con una señora y su hijita que leía *Alicia en el país de las maravillas*. Cuando la niña cerró el libro, él se puso a hablar con ella acerca de la historia y la madre se unió a la conversación. Sin saber que su interlocutor era el autor de la obra, la mujer comentó: "¿No es triste lo del pobre Sr. Carroll? Se volvió loco, sabe". "¿De veras?", preguntó el autor, "nunca había escuchado eso". "Oh, yo le aseguro que es cierto, me lo contó alguien de quien no se puede dudar". Antes de separarse de ella, Carroll obtuvo permiso para enviarle un regalo a la niña, quien días después recibió un ejemplar del libro *A través del espejo* con la siguiente dedicatoria: "Del autor, como recuerdo de un viaje agradable". El escritor valoró más la admiración de la niña hacia su trabajo que las habladurías de la señora. Pudo conversar felizmente, disfrutó de su compañía y aun siendo un hombre exitoso y famoso, se molestó en enviar un obsequio a una niña; la afinidad persuade a cualquiera.

### ¡Ande!, cómpreme una ☺
Difícilmente se le dice no a un amigo que nos pide algo. Tampoco es fácil decirle no a alguien que nos cae bien. La razón de esto la establece Herbert Spencer al asegurar que: "Al final, la opinión es

determinada por los sentimientos, no por el intelecto". No en vano, las emociones determinan las compras por impulso, que generan el 76% de las ventas en tiendas de autoservicio y el 59% en tiendas departamentales. Apelar al corazón y no a la razón, es la clave de toda tienda; buscan nuevas formas de generar experiencias agradables de compra.

Llegar al corazón de un cliente potencial es la clave con la que se desarrollan diferentes conceptos de negocio. "Si le caigo bien, creo en usted y usted me cae bien", es el mensaje que subyace bajo música, sonrisas y amabilidad. Aunque es verdad que algunas cajeras del súper aún no lo entienden.

Así, surgen empresas "piramidales", donde se venden fácilmente diversos productos (zapatos, recipientes, jugos con propiedades mágicas, aparatos electrónicos y hasta fondos de inversión) principalmente a los amigos y familiares. El mensaje implícito es: "Si mi amigo me lo recomienda, es bueno; él no me haría trampa o no me daría algo inservible". Algunas sectas, organizaciones religiosas y civiles funcionan del mismo modo. Personas así demuestran su amistad y después logran que acepte muchas cosas que dicen y ofrecen. Los mensajes que se emiten de esta forma, tienen un fuerte efecto en nuestra mente: "Si mis amigos lo dicen, es porque me conviene".

La ley de la afinidad es el origen de la vida. Es la semilla de toda comunidad, familia o país. Es lo que crea vínculos, instituciones y cofradías que van desde tener igual nacionalidad hasta profesar la misma religión o tener preferencia por un equipo. La ley de la afinidad es el pacto silencioso que hace confiar al otro en mí y a mí en el otro. Es el convencimiento que traemos programado de que el amigo o el que me cae bien, debe poseer algo que me conviene saber o tener.

Si bien se puede generar afinidad artificial, la empatía funciona cuando es auténtica. Las empresas o sistemas que utilizan esta ley para vender mejor, no engañan a la gente, porque a largo plazo resultaría imposible. Lo que hacen es aprovechar la simpatía ya existente en la sociedad para promover sus productos de forma inmediata. Un vendedor que utiliza esta ley para vender más, emplea sus cualidades personales para acercarse a la gente y caerle bien.

**Inteligencia emocional; condición de afinidad**

Está comprobado que las personas que viven más tiempo, que son más felices, que ganan más dinero, que duran más casados, y que se sienten exitosos, son aquellas que generan una alta empatía. Después de todo, la palabra amigo es "afín a mí". Un interés genuino por los otros permite hacer amigos fácilmente. Esa es la tesis que sostiene Dale Carnegie en su libro *Cómo hacer amigos e influir en los demás*. Veamos un resumen general de esta valiosa obra:

### *Parte 1: técnicas fundamentales para tratar a las personas*

- No critique, no condene, no se queje.
- Halague a las personas de forma sincera y honesta.
- Haga que la otra persona desee algo intensamente.

### *Parte 2: seis formas de gustar a las personas*

- Muestre interés genuino por los demás.
- Sonría siempre.
- Recuerde que el nombre de una persona es para él, el sonido más interesante en cualquier idioma.
- Transfórmese en un buen "oyente" y anime al otro a que hable sobre sí mismo. ¡Hable siempre en los términos que interesen a la otra persona!
- Haga que la otra persona siempre se sienta importante, y hágalo sinceramente.

### *Parte 3: haga que las otras personas piensen como usted*

- La única forma de sacarle provecho a un pleito es evitándolo.
- Muestre respeto por la opinión de la otra persona, nunca diga: "Estás equivocado".

- Si se equivocó, admítalo de inmediato y haga énfasis en el hecho de que cometió un error.
- Siempre que empiece a hablar, hágalo de una forma amigable.
- Diga algo para que la otra persona diga "sí" inmediatamente.
- Permita que sea la otra persona la que hable la mayor parte del tiempo.
- Haga creer que la idea que usted quiere que se desarrolle, es creación de la otra persona.
- Honestamente, procure ver las cosas desde la perspectiva del otro.
- Trate de identificarse con sus ideas y sus deseos.

## *Parte 4: sea un líder. Cómo cambiar a las personas sin ofenderlas y sin provocar resistencia*

Las funciones de un líder con frecuencia incluyen cambiar las actitudes y el comportamiento de las demás personas. Para lograrlo:

- Inicie con un halago sincero.
- De manera indirecta, haga que la otra persona se dé cuenta de su error.
- Hable acerca de sus propios errores antes de mencionar los errores del otro.
- Haga preguntas en lugar de dar órdenes directas.
- Dele oportunidad al otro de no sentirse avergonzado.
- Alabe cualquier mejoría que note en su comportamiento.
- Dele una buena reputación ante los demás para que se sienta comprometido a cumplir tan alta expectativa.
- Dele ánimo a los demás y haga que cualquier error parezca fácil de corregir y superar.
- Haga que la otra persona se sienta feliz de haber hecho lo que usted le sugirió que debería hacer.

### ¿Funciona realmente la empatía?

Burt Swersey tuvo una gran idea cuando leyó un estudio de Bell Labs en el que los expertos en ingeniería debían el éxito a la inteligencia emocional y no tanto a su capacidad técnica. Eso inspiró a Swersey a intentar algo nuevo con sus alumnos en Rensselaer Polytechnic Institute.

Al iniciar la clase, les habló del estudio de Bell Labs y lo que denominaba "los cinco sencillos secretos del éxito": afinidad, empatía, persuasión, cooperación y búsqueda de consenso. Luego anunció que, en vez de pasar el primer día de clase repasando conceptos básicos de Ingeniería, realizarían un laboratorio de aprendizaje de los cinco secretos.

"¿Qué haría usted para establecer afinidad con alguien a quién no conoce?" Con esta pregunta Swersey comenzó toda una dinámica que no tenía nada que ver con técnicas ni ingeniería. Empezaron desarrollando la afinidad y empatía, pasando por ejercicios de persuasión, cooperación y la búsqueda de consenso: al final, dedicaron tres minutos para decidir como grupo, cuál era en el mundo el mejor sabor de helado y por qué.

¿Cuál fue el resultado de ese pequeño experimento social? "Resultaron ser los mejores equipos que he tenido en años de dictar la clase de Introducción al Diseño de Ingeniería", dijo Swersey. "No solo trabajaron juntos, mejor que mis estudiantes anteriores, sino que produjeron artefactos innovadores, sumamente ambiciosos. Atribuyo buena parte del éxito al tiempo que dedicamos a los cinco secretos". El experimento de Swersey aborda un gran problema de las organizaciones, sobre todo las que están llenas de expertos técnicos.

Esa forma de desarrollar la unión del grupo  también se está haciendo presente en academias profesionales, como la Harvard Business School y la Sloan School of Management. "En estos tiempos, los planes de estudio se basan más en el concepto de equipo". Añade Kim: "Esto es una respuesta a las críticas de las compañías; dicen que los administradores de empresas están muy bien preparados como individuos, pero les falta aprender a trabajar bien en equipo" (9).

El trabajo en equipo siempre se origina por la ley de la afinidad, solo así los integrantes del grupo se persuaden mutuamente y se generan sinergias. La suma de inteligencias nace necesariamente de ahí, del ejercicio de habilidades sociales donde interactúan tres tipos diferentes de neuronas: espejo, fusiformes y osciladoras. Las primeras nos permiten replicar las emociones de los otros, ¿qué estado de ánimo tiene esta persona?; las segundas, nos dan aquello que se conoce como la intuición, ¿me da confianza este individuo? y las últimas nos permiten sintonizar con los otros, coordinarnos físicamente tal cual como ocurre en una orquesta, darnos la mano.

La afinidad da resultados en ventas, equipos y cualquier relación. La condición para que sea sustentable la persuasión que se genera a través de ella, es que usted sea honesto. No trate de fingir que es buena gente, ¡en verdad debe serlo!

*"Afinidad es un sentimiento singular, discreto e independiente. Puede existir a kilómetros de distancia, pero es adivinado en la manera de hablar, escribir, andar, respirar..."*
*Artur de Távola*

AFINIDAD

# 4. LEY DE EXPECTATIVA
## Lo que piense, eso será

*"Las expectativas altas son la llave para alcanzarlo todo".*
Sam Walton

**Lo que presupone de otra persona se hará verdad, para bien o para mal. Consciente o inconscientemente, nuestras expectativas se cumplen.**

Robert Kearns, un modesto profesor universitario, revolucionó la industria del automóvil en Estados Unidos con un invento de primera línea, pero además se embarcó en una titánica cruzada con las multinacionales automovilísticas para que reconocieran su participación.

Tras robar descaradamente su diseño y patente, el profesor decidió no dejarse ningunear por una de las industrias más importantes de Detroit. El inventor de los limpiaparabrisas automáticos con diferentes velocidades, luchó hasta conseguir que las enormes empresas le pagaran su invento, y lo logró (10). Y es que Kearns tenía una madre que continuamente le decía: "Siempre lograrás lo que quieres. Tienes todo para hacerlo". Él lo creyó. Los demás lo creyeron. Fue persuadido positivamente desde muy pequeño con la ley de expectativa para triunfar en la vida.

### El postre y la cura que esperaba
Imagine que usted es una persona que cocina realmente mal, pero su pareja tiene la idea de que lo hace bien porque alguien se lo aseguró. Su propia madre lo reiteró en una plática que sostuvieron recientemente en un restaurante. Su pareja le pide que le haga un delicioso platillo como del que tanto presumen sus seres queridos. ¿Qué cree que hará a pesar de saber que no cocina tan bien? ¡Pues

hacer un buen platillo! Es decir, tratará a toda costa de cumplir con las expectativas que tienen de usted.

Otro ejemplo de la ley de la expectativa es el conocido "efecto placebo". Los científicos saben desde hace tiempo que si se da a alguien una pastilla diciéndole que es medicina (por ejemplo, contra el dolor de cabeza) muy probablemente esa persona sienta alivio por el solo hecho de creerlo. Un efecto semejante sucede con los hipocondriacos: si alguien dice tener gripe aviar y estornuda, empezarán a sentir síntomas extraños. Ellos esperan algo y en parte o en su totalidad, se cumple.

### Aun sin luz, sé que espera mucho de mí

En administración es muy famoso Elton Mayo, quien en 1928 fue invitado a participar en un experimento para estudiar ciertas condiciones de trabajo relacionadas con luminosidad, ruido, fatiga y otras mejoras en el ambiente laboral que logran un aumento en la productividad. Ordenó suspender todas las mejoras que se habían implementado. Se quitaron los descansos programados, la luz mejorada, los almuerzos gratuitos y cualquier otra condición que pudiera parecer la razón del aumento de la productividad. El resultado fue algo inesperado: no bajó; por el contrario, aumentó.

Esto se debía a que los obreros fueron persuadidos para colaborar y se les convenció de la importancia del experimento. En cierta forma se vieron halagados y gracias a esa deferencia y a sentirse observados fueron claramente motivados al saber que "se esperaba" algo de ellos (11).

### La mujer más bella del mundo

En la antigua Grecia, había un sacerdote y escultor llamado Pigmalión que comenzó a esculpir la estatua de una mujer. Cada día le dedicaba cierto tiempo y poco a poco se enamoró de la figura que él mismo creaba. Mientras más tiempo le dedicaba, más se asombraba de lo hermosa que le estaba quedando. Al final se convenció de que no habría mujer real sobre la tierra más bonita, por lo que pidió a los dioses que le dieran vida y constantemente les suplicaba. Lo pidió con tanto anhelo y pasión que su deseo le fue concedido: hicieron realidad su sueño y se convirtió en una mujer de carne y hueso.

El efecto Pigmalión no solo es mitológico: una persona consigue lo que se propone si cree que puede hacerlo. La profecía autocumplida se manifiesta como una expectativa que incita a las personas a actuar de tal forma que se vuelva una realidad.

La Psicología define el concepto de profecía autocumplida o efecto Pigmalión, como una expectativa o predicción cuyo efecto hace que quien la anuncie, realice de manera inconsciente actos que llevan a que se cumpla lo predicho.

### ¿Cómo es que todo se hace realidad?
Cuando miramos la realidad desde una perspectiva positiva, aumentan las probabilidades de que comuniquemos ese sesgo e influyamos de este modo en la conducta del otro y/o en nosotros mismos.

Es un fenómeno interesante, porque los individuos raramente son conscientes de que son las propias expectativas las que influyen sustancialmente en el comportamiento del otro. No en vano, "las expectativas y previsiones de los profesores sobre la forma en que de alguna manera se conducirían los alumnos, determinan precisamente las conductas que los profesores esperaban", aseveran los investigadores sociales Rosenthal y Jacobson, quienes analizaron la importancia de las creencias y resultados del desempeño escolar y determinaron que las expectativas más altas tuvieron aprovechamientos más gratificantes (12).

Esta ley de la expectativa puede resumirse con un refrán de Henry Ford: "Tanto si crees que puedes hacerlo, como si no, en los dos casos tienes razón".
Jane Elliott realizó un experimento sobre la discriminación de los ojos azules frente a los ojos cafés. A estudiantes de tercer grado los dividió en función del color de los ojos. A un grupo se le dio preferencia y lo consideraron como "superior". Al otro grupo, en repetidas ocasiones se le consideró inferior en inteligencia y capacidad de aprendizaje. En el segundo día del experimento, los

grupos se habían invertido por completo; en esta ocasión los oprimidos del día anterior fueron considerados como superiores y viceversa.

Elliott hizo pruebas de deletreo para los dos grupos en todos los días del experimento. Los estudiantes obtuvieron calificaciones muy bajas en el día en que fueron racialmente "inferiores" y muy altas en el que fueron considerados "superiores" (13).

Feldman y Prohaska realizaron un experimento para estudiar el efecto de las expectativas de los alumnos sobre sus profesores. Se comprobó que si un alumno es inducido a pensar que un profesor es "bueno" (mediante un rumor falso o la aseveración de otro profesor), evaluará al mismo como "eficaz". Los alumnos demostraron mucho más interés hasta en su lenguaje no verbal: inclinaban su cuerpo hacia adelante como queriendo estar más cerca de su profesor y tenían más contacto visual con él. El experimento a la inversa, esparciendo el rumor de que el maestro era malo, funcionó también. Curiosamente, en otra prueba se demostró que el desempeño de los alumnos también fue influido por la expectativa provocada.

Espere lo mejor de los otros y se cumplirá. Espere lo mejor de usted y sus sueños se harán realidad. Si lo hace al revés, su peor pesadilla y no su sueño, lo estará esperando sentado en su sillón favorito cuando regrese del trabajo.

*"Espera que la gente sea mejor de lo que es; eso les ayudará a convertirse en algo mejor. Pero no te decepciones cuando no lo logren; les ayudará a seguirlo intentando".*
Merry Browne

31

# 5. LEY DE LA ASOCIACIÓN
## Si lo usa James Bond es bueno

*-"Q, tomaré el Aston Martin para dar una vuelta..."*
*-"¡Ten cuidado, 007! ¡Acabamos de ponerle una capa de pintura nueva!".*
The Living Daylight, 1987

**Se asocian las cosas y las ideas con la gente que las usa o recomienda. Si pensamos algo positivo o negativo de esa persona, lo relacionaremos.**

Pablo Picasso se encontraba descansando en una playa del sur de Francia cuando se le acercó un niño con un papel y le pidió un dibujo con alguna dedicatoria. El pintor rápidamente se percató que el pequeño había sido enviado sibilinamente por sus padres con el fin de conseguir una pequeña obra suya de manera gratuita.

Picasso se deshizo del papel y pintó el autógrafo en la espalda del niño. Días más tarde, en una reunión entre amigos relató lo sucedido y comentó entre risas: "Me gustaría saber si lo han vuelto a lavar..." (14)

Se asocia la fama de un personaje al arte y así es como se considera una obra como "buena" o "mala", "valiosa" o "barata". Si algo no es valioso *per se*, se vuelve con solo asociarlo al personaje correcto.

### Yo que soy famoso lo recomiendo
A veces ni siquiera es necesaria una reflexión sobre las connotaciones que pueden surgir de una asociación. ¿Cuántos anuncios publicitarios hemos visto protagonizados por personajes de la farándula? Lo que parece increíble es que una actriz de

32

telenovela proporcione credibilidad a un producto para adelgazar al decir que ella lo utiliza y que sí funciona. ¿Quién es ella para opinar sobre un tema de salud? Resulta obvio que le pagan para que afirme eso. Sin embargo, el poder de la ley de la asociación prevalece. La gente piensa que el producto funciona y la prueba está en que esos productos se venden bien. Esta ley puede utilizarse de diversas formas, inclusive la moda se basa en este mismo principio: cuando un diseñador importante propone algo, por inverosímil que parezca, la gente de alto nivel socioeconómico lo compra, y como la gente de nivel alto lo hace, la de nivel medio también y así continúa la cadena de asociación.

A veces la inspiración puede llegar en sentido inverso: una persona líder en tendencias y modelo para otros, puede inspirarse en modas para personas de bajo nivel socioeconómico, y lo ridículo o de mal gusto se convertirá en tendencia bien vista. Esa transformación de *kitsch* a *chic* se ejemplifica con el uso de la mezclilla: hoy puede costar una prenda cientos de dólares, antes era la ropa de trabajo que usaban los obreros. El tequila también ahora es internacional y sofisticado; antes se consideraba una bebida corriente. Así nace lo *cool* de lo corriente, por meras asociaciones en cadena.

**Tiempos electorales**
Los políticos son los reyes de la asociación y más cuando están en campaña. Si son guapos, siempre los veremos saludando a mujeres con un beso para generar excitación mediática, y sean feos o no, besarán a niños hasta hincharse los labios. Se harán acompañar de artistas famosos: bellas actrices, renombrados poetas y escritores que los harán parecer atractivos e inteligentes. Se solidarizan con causas populares y tratarán de asociarse con cualquier persona que tenga un atributo que ellos necesiten. Buscan fama y famosos a toda costa. El único fin es mejorar su propia imagen.

A nosotros los votantes nos gustaría pensar que no nos dejamos llevar por la influencia de las recomendaciones de los medios de comunicación, que somos personas con criterio y bien informadas, pero Brian Knight y Chun Fang Chiang, investigadores de la Universidad de Brown, publicaron un estudio en *Review of Economic*

*Studies*, que comprueba que el apoyo de los medios de comunicación tiene un efecto significativo en las decisiones de los votantes.

Los resultados de este estudio indican que los votantes potenciales tienen más probabilidades de apoyar a un candidato después de que este haya sido respaldado por un periódico. Hasta aquí es muy obvio, pero los investigadores descubrieron que los votantes potenciales toman en cuenta el sesgo político o la inclinación del periódico o publicación. Por ejemplo, el respaldo de un candidato de la izquierda por una publicación con sesgo izquierdista, es vista por los votantes como menos creíble que el respaldo de una publicación neutral o de derecha al mismo candidato de izquierda. Políticos del mundo, ¡ya saben dónde poner su dinero! Inviertan en menciones positivas de los que se oponen a ustedes, eso sí que influirá al electorado.

El estudio de los políticos recomendados por sus enemigos puede usarse en todo ámbito. Por ejemplo, si usted contrata a Bono, vocalista del grupo U2, para anunciar autos deportivos de lujo, sabe que se venderán bien. Lo que quizás no ha considerado usted es que, si el director general de la empresa rival usa el auto que usted fabrica, catapultará aún más las ventas de su marca. Haga que un enemigo, voluntaria o involuntariamente, le recomiende y triunfará.

Asóciese con gente que tenga lo que usted quiere proyectar. Póngale el reloj que usted vende a un famoso. Júntese con un escritor de izquierda para parecer capaz, pero en el fondo nunca olvide el dicho: "Ser para parecer, no parecer para aparentar".

*"Si quieres que te estimen, asóciate solamente con aquellos que sean estimables".*
Jean de la Bruyere

# 6. LEY DE CONSISTENCIA
## Si así lo dije, entonces así lo hago

*"Tus acciones no me dejan escuchar tus palabras".*
Anónimo

**Si se hace una afirmación donde exista un registro o testigo, se tenderá a ser consistente y congruente con lo que se dijo en presencia de la gente que la leyó o escuchó. Si uno cree que algo es bueno o malo, tenderá a justificar su actuar conforme ese patrón.**

Cuando éramos niños, en varias ocasiones un amigo nos dijo a dos de sus mejores camaradas: "El color azul es mi favorito". Ya adultos, platicándonos su intención de comprar un auto nuevo, comentó que estaba pensando en que fuera de color rojo. Ambos amigos, en diferentes momentos le contestamos: "¿No que tu color favorito es el azul?". Al llegar a la agencia, acompañado de su hermano, vio el auto que quería en color rojo y el hermano le dijo: "Ojalá lo tengan en azul como te gusta". ¿Qué color de auto cree usted que escogió al final?

**¡Brindemos por el señor Pérez!**
Los vendedores de departamentos de tiempo compartido, seguramente ya se habrán dado cuenta de lo poderosa que es esta ley.

Usted se encuentra inocentemente sentado en la mesa de un salón junto con una veintena de personas que simulan ser compradores interesados cuando en realidad son paleros.

Han pasado más de veinte minutos desde que entró en esta situación, y le está resultando un tanto incómoda. Para este momento, usted ya ha dicho varias veces la palabra "sí". "¿Quiere desayunar con nosotros?", **sí,** "¿acepta que le mostremos las instalaciones?", **sí,** "¿le gustaría la posibilidad de ser dueño de un departamento sin necesidad de pagar una cantidad muy elevada, digamos un 80% menos?", **sí.** "¡Felicidades Sr. Pérez!". El vendedor se levanta y grita mientras golpea con una cuchara la copa de vino espumoso blanco: "¡Brindemos por el señor Pérez quien ya es nuestro socio!". Usted mira atónito cómo todo el mundo le sonríe y alza una copa de falso champán. Le dice preocupado al vendedor: "Pero yo no lo sé todavía, déjeme hacer cuentas" y el vendedor contesta: "Pero señor Pérez, usted acaba de decir que sí está interesado en tener un departamento".

En esta sesión, el vendedor le ha aplicado varias llaves mentales muy poderosas. Ya es una víctima. Su mecanismo psicológico por un lado le obliga a evitar problemas y por otro a ser consistente: termina firmando o en el mejor de los casos sale de ese lugar inventando mil pretextos que no tendría por qué decir.

### Ya había dicho que sí

¿Cómo aplicar esta poderosa palanca persuasiva en el caso de un hombre que desea conquistar a una chica? Pues de la manera más clásica y sencilla, invitándola y saliendo con ella varias veces. Si ella accede está diciendo también varias veces que **sí,** como en el ejemplo del tiempo compartido. Quizá ella solo quiere salir a divertirse porque le llaman la atención los lugares que le proponen. Después de salir varias veces y conversar acerca de los gustos sobre colores, comida, música y tipos de hombre que le gustan, el conquistador va adaptándose a esas características en la medida de lo posible. Él sabe que nunca podrá medir 1.90 cm y tener ojos azules como Brat Pitt, pero conoce el ideal completo y resalta cosas de su persona que le asemejan a ese supuesto imaginario.

Un día después de aceptar (**sí** número uno) ver al grupo de música que le gusta, aceptar (**sí** número dos) comer su *sushi* favorito y ver a su actor preferido en el cine (**sí, sí, sí**), el chico la besa afuera de su casa. Siendo que él conquistador es de fenotipo oriental, no hace ejercicio, no ha gastado mucho dinero, solo han pasado dos fines de semana y se han visto tres veces. ¡Ya la besó! ¿Por qué? La respuesta es que muy probablemente ella sin saberlo está siendo consistente con lo que dijo y con lo que pensaba como ideal imaginario, como dice la canción de Pablo Milanés: "No es perfecto más se acerca…" Además, el poderoso "**sí**" repetido varias veces tiene un efecto de consistencia impresionante en la inercia mental.

## La consistencia del error de diciembre

Esta ley puede afectar a un país entero. Veamos qué dice en su obra autobiográfica el exsecretario del Tesoro Norteamericano, Bob Rubin. Él afirma en su libro, que para que los norteamericanos pudieran otorgar el apoyo financiero solicitado por el Gobierno de México a principios del fatídico 1995, era necesario que "los mexicanos accedieran a realizar importantes cambios en su política".

También agrega: "El presidente estaba comprometido con la reforma económica. El aspecto más importante de esta reforma eran las tasas de interés… el equipo mexicano negociando en Washington con el FMI había rechazado tasas de interés más altas. En su reunión con Zedillo, Larry, el negociante del FMI, trató ese problema después de cuarenta y cinco minutos de conversación cordial sobre todos los temas relacionados con el rescate. El presidente lo pensó solo un instante, y respondió: 'Durante toda mi carrera en el Banco de México escribí artículos afirmando que México debería tener tasas de interés positivas. Ahora no es el momento de abandonar esa idea' ".

Poco después de la reunión que relata Rubin, las tasas de interés en México subieron hasta 100%, después de haber estado unas semanas antes en solo 7%. El equipo norteamericano, según Rubin, consideró que su viaje había sido "todo un éxito".

Las habilidades de Summers, el negociante americano hicieron que el presidente Ernesto Zedillo fuera consistente. Es tan buen ejemplo que vale la pena volver a leerlo: "Durante toda mi carrera en el Banco de México escribí artículos afirmando que México debería tener tasas de interés positivas. Ahora no es el momento de abandonar esa idea". El presidente fue muy consistente y el americano muy "habilidoso", como lo calificó el mismo *Greenspan* (15).

## Eres pacifista u obamista

El principio de congruencia o consistencia en psicología social se refiere a cómo las actitudes pueden cambiar cuando una persona se expone a una comunicación persuasiva. Hay tres elementos que intervienen: **P**, la persona receptora; **S,** la fuente de la comunicación; y **O,** el mensaje o la comunicación en sí misma (16).

El presidente Barak Obama (S) hace una declaración positiva sobre la guerra (O) y lo escucha un ciudadano norteamericano (P).

Para medir la fuerza de las actitudes que se suscitan, se cuenta con la escala máxima de +3 (muy positiva), una neutral (0), y la mínima -3 (muy negativa).

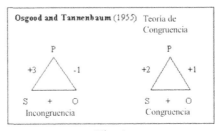

Fig. 1

Veamos lo que sucede: el primer triángulo muestra cómo el ciudadano norteamericano tenía gran simpatía (+3) hacia Obama (P-S), y le desagradaba ligeramente (-1) la guerra (P-O).

El segundo triángulo muestra lo que pasa con las actitudes del ciudadano norteamericano después de procesar dicha declaración de Obama. Resuelve esa incongruencia de su mente, ¡haciéndola congruente! Ahora el ciudadano norteamericano quiere a Obama ligeramente menos (+2) y le agrada más la guerra (+1). Esta teoría (en este nivel de revisión) sugiere que lo que cambia es lo que tiene menos puntos en la escala, es decir: lo que más le agrada a uno es lo que prevalece ante la incongruencia.

En este modelo existen dos hipótesis relevantes que suceden en caso de una incongruencia más marcada.

La primera se llama constante de aserción y dice que en caso de incongruencia alta (Obama hablando a favor de un tipo de discriminación), es más factible que la persona cambie su actitud hacia la fuente (Obama) volviéndose más negativa, a que cambie su opinión sobre el concepto dicho en la aserción o mensaje. Es decir, es más probable que odie más a Obama (aunque en un principio lo admire), a que cambie su idea sobre la discriminación.

La segunda hipótesis se llama corrección de incongruencia, y explica que cuando esta incongruencia es muy grande entre el mensaje y la posibilidad de que lo diga la fuente (Obama hablando mal de su propia raza), puede ser que no exista ningún cambio de actitud, simplemente habrá incredulidad y se dudará de la fiabilidad del mensaje (manipulación del medio).

### Sí, pero no, ¿o sí?

Un papá que dice amar a su hijo pero le pega, es un "sí, pero no" que genera un conflicto interno, una disonancia. "Si lo amo, ¿por qué le pego? ¿Será que no lo quiero tanto?" Aplicado en ventas, es muy común comprar algo caro y pensar después: "¿Realmente fue buena compra? ¿Por qué me gasté tanto si necesito pagar otras cosas?".

La llamada disonancia cognitiva se refiere a la tensión o desarmonía interna del sistema de ideas, creencias y emociones que percibe una persona al mantener al mismo tiempo dos pensamientos que están en conflicto (17). Si aparece la disonancia, la gente hará todo lo posible por reducirla y lograr la consonancia. Además evitará todas aquellas situaciones o informaciones desfavorables que puedan hacerla aumentar. La disonancia cognitiva es un sentimiento que despierta desagrado y es causado por faltar a la ley de la consistencia.

Este estado de disonancia es muy aprovechable en persuasión. Se ofrecen "remedios" para hacer justificable una compra, bálsamos de tranquilidad que reafirman el ego: "Señor, al comprar este auto de lujo, usted compró seguridad para sus hijos", "Esta joya será un patrimonio para futuras generaciones y nunca perderá su valor", "Un porcentaje del valor de venta de este producto será destinado a apoyar esta importante obra humanitaria". *¡Voilà!* Usted ya no tiene disonancia y puede ser congruente ¡ah, qué alivio!

La disonancia siempre es más fuerte cuando existe una discrepancia entre lo que uno piensa y lo que hace, por ejemplo, haciendo algo que nos avergüenza. Así nace la autojustificación: le pego a mi niño porque lo quiero educar; soy una persona ahorrativa y compro esto porque es una inversión. Es el modo con el que el individuo intenta lidiar ante la "amenaza".

Otro ejemplo de la disonancia cognitiva es fumar. Fumar cigarrillos aumenta el riesgo de cáncer, lo cual amenaza el autoconcepto del fumador. La mayoría de nosotros creemos que somos inteligentes y racionales, y la idea de hacer algo insensato y autodestructivo nos causa disonancia. Para reducir esta tensión incómoda, los fumadores tienen una tendencia a buscar excusas para sí mismos, como: "Me voy a morir de todos modos, entonces no importa". De esa forma la disonancia se minimiza. Pero también es cierto que esa disonancia puede hacer que la gente deje de hacer algo y que cambie su comportamiento como dejar de fumar o no tomar alcohol. Su propio entendimiento de lo que es bueno, la hace desistir de tener esa disonancia, modificando su comportamiento. Ese estado es ideal también para persuadir hacia consumos o actividades diferentes: "Aquí en el Grupo Eagles de Alcohólicos y Adictos, damos amor adulto", "En la Iglesia Mundial Serena te comprendemos y no te juzgamos, inicia una nueva vida".

**Ama a Dios sobre todas las cosas**
Teodorico VIII, rey de los godos, profesaba una gran devoción hacia la religión arriana. Su primer ministro y hombre de confianza, por el contrario, era católico, pero para agradar a su señor se

convirtió al arrianismo. Al enterarse de esto, Teodorico mandó ejecutarlo. Al preguntarle el porqué, el monarca respondió: "Si fue capaz de traicionar a su Dios, no puedo confiar en él" (18).

El ser humano percibe la consistencia como la forma más básica de confianza en los demás y en sí mismo; es el eslabón biosocial más valioso de sobrevivencia en comunidad. El hombre primitivo juzgaba los actos de los demás y sus propios actos en función de la congruencia entre lo que se dice y lo que se hace: la desconfianza es mentira, y la mentira me puede dañar.

Nadie confía en quien se traiciona a sí mismo. El ser humano ama la consistencia; la busca porque cree que en esa "armonía" radica la verdad y la seguridad. Apele a la consistencia y disuelva las disonancias cognitivas. Los resultados le serán sorprendentes. Habrá mucha tela de donde cortar porque aunque buscamos a toda costa la consistencia en nosotros y los demás, al final somos inconsistentes.

*"La inconsistencia es lo único en que los hombres son consistentes".*
Horace Smith

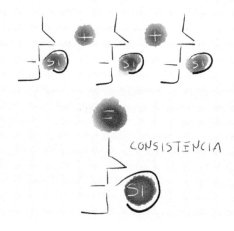

# 7. LEY DE ESCASEZ
## Entre menos hay, cuesta más

*"El pobre no es el que tiene poco, sino el que desea más".*
Séneca

**Es la ley de oferta y la demanda. Cuando algo que se desea se percibe como escaso, la gente tiende invariablemente a pensar que es de gran valía. Si existe en abundancia y cualquiera lo puede tener, es barato y a veces indeseable.**

Un alumno le preguntó al sabio maestro el secreto de la felicidad y de la paz. "Maestro, llevo tres años sin preguntarle nada, esto como muestra de respeto y humildad. Ayer vi caer un pájaro muerto; estaba volando y cayó sin razón. Lo tomé como un signo para suspender mi silencio y preguntarle el secreto de la felicidad y de la paz". El maestro estaba sentado meditando y sin decir palabra se levantó y se metió al lago que tenía enfrente. Ya nunca salió. El aprendiz sorprendido y triste comprendió la última lección: "¡Oh maestro!, ahora lo entiendo, el secreto de la felicidad y la paz es apreciar aquí y ahora el escaso aire, el escaso tiempo… la vida termina en cualquier momento. ¡Qué valiosa es cada respiración!".

### De lo bueno, poco
Imagínese un fin de semana en una tienda departamental. Se acerca a ver un artículo (puede ser una corbata o una bolsa), de repente, otra persona se lleva uno de los dos artículos que estaban en el mostrador. Queda uno solo y le gusta mucho, sin darse cuenta empieza a tocarlo más y más, a verlo de cerca y a ver el precio. Resulta ser que no es barato y no tenía en mente comprarlo, pero empieza a gustarle. Se acerca una vendedora y le dice: "Es la única pieza que nos queda, ¡volaron!" ¿Qué posibilidades existen de que lo compre? ¿Nunca le ha pasado? Ocurre frecuentemente con las

restricciones de tiempo en ofertas: "hoy es el último", "mañana se acaba esta promoción", "tenemos que hacer el cierre el viernes", "no creo que nos lleguen más mañana" y otros muchos clichés que nunca fallan en su propósito de generar escasez.

Ahora pensemos en la vieja técnica de ventas en la cual se pone en una tienda de muebles, una sala con un letrero que dice: "vendido". Si al lado hay otra que no tiene letrero, ¿por cuál cree que preguntará la gente? Exactamente... por la que no se puede comprar. Esta fórmula la emplean los vendedores para comercializar autos, ropa, joyas, etc., y si se ven hábiles, hasta amor y compañía. Todo puede escasear de alguna forma y así se explica por qué lo prohibido es lo más deseado: porque es escaso en cierta forma.

**Homo economicus**
Lo que nos importa conocer de la famosa ley de la oferta y la demanda que el economista Frederick Taylor describió por primera vez, es simplemente que el valor de algo sube cuando escasea. Según esta ley, el precio de un bien se sitúa en la intersección de las curvas de oferta-demanda. Si el precio de un bien está demasiado bajo y los consumidores demandan más de lo que los productores pueden poner en el mercado, se produce una situación de escasez, y por tanto los consumidores estarán dispuestos a pagar más.

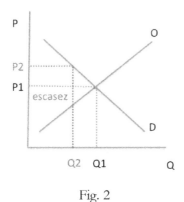

Fig. 2

43

Es increíble poder observar cómo un ser humano se parece tanto a un perro en su comportamiento, y no es por insultar a los perros, es simplemente hacer consciente hechos constatables por cualquiera que tenga una mascota. Un perro se pondrá celoso si se acaricia a otro, demandará cariño y quitará la mano de su amo con su trompa de la cabeza del perro rival. Siente escasez la amenaza potencial de perder el cariño y atención de su amo. También es observable como el perro cuida su comida o su juguete con cierto egoísmo.

La Psicología explica el fenómeno de la escasez con la "Teoría de la conservación de recursos". Según este modelo las personas intentan retener, proteger, y crear recursos y lo que resulta amenazante para ellos es su pérdida potencial o real (19).

Algo curioso relacionado con esto es que la gente parece estar más motivada por el pensamiento de perder una cosa que por el de ganar algo del mismo valor. Como cuando escribimos mensajes por teléfono con más fervor que prestar atención a la persona que tenemos enfrente y con la que podemos conversar; ambas pláticas pueden tener el mismo valor, pero preferimos no perdernos de escribirle al amigo que nos mandó algo. Es más escaso y por ende más valioso.

Existe una condición de escasez que los economistas llaman "efecto patrimonio". Cuando un bien forma parte del patrimonio de una persona, inmediatamente aumenta de valor. Es decir, pedimos mucho más por desprendernos de algo que ya tenemos, que lo que estamos dispuestos a pagar por adquirirlo. La gente valora más las cosas sencillamente porque le pertenecen (20).

Todos de alguna forma tenemos este comportamiento de lógica económica aparentemente tergiversada. Supongamos que alguna vez usted compró un reloj japonés de una marca no muy lujosa por 50 dólares. Pasan los años y resulta que ese reloj es ahora de colección y su valor alcanza los 500 dólares. La ley de la escasez en su variante de efecto patrimonio y con un ingrediente afectivo, hace que no lo quiera vender ni por esa cantidad ni por otra un poco mayor. Lo más curioso es que ese mismo reloj, si no lo poseyera y se lo ofrecieran, no lo compraría por ese precio; se le haría caro.

Parece irracional pero el objeto adquiere un valor adicional por el solo hecho de pertenecernos. Esto se debe a la escasez imaginaria proyectada. Consciente o inconscientemente las personas piensan que ese objeto puede llegar a escasear al no ser suyo y automáticamente se incrementa su valor. Si se tratase de un coleccionista, no tendría tanto apego y sería más racional al intercambiar ese reloj por otro o simplemente venderlo al precio que fije el mercado.

## Pocos monos, mucho dinero

Una vez llegó al pueblo un señor bien vestido, se instaló en el único hotel que había y puso un aviso en la única página del periódico local. Estaba dispuesto a comprar cada mono que le trajeran por 10 pesos. Los campesinos, que sabían que el bosque estaba lleno de monos, salieron corriendo a cazarlos.

El hombre compró, como había prometido en el aviso, los cientos de monos que le trajeron al precio estipulado. Pero, cuando ya quedaban muy pocos monos en el bosque y era difícil cazarlos, los campesinos perdieron interés. Entonces el hombre ofreció 15 pesos por cada uno y los campesinos corrieron otra vez al bosque.

Cada vez quedaban menos monos y el hombre elevó la oferta a 20 pesos. Los campesinos volvieron al bosque, cazaron los pocos monos que quedaban, hasta que ya era casi imposible encontrar uno. Llegando a este punto, el hombre ofreció 50 pesos por cada uno. Pero, como tenía negocios que atender en la ciudad, dejaría a cargo a su ayudante quien se dirigió a los campesinos diciéndoles: "Fíjense en esta jaula llena de cientos de monos que mi jefe compró para su colección. Ahora que no está, yo se los vendo a ustedes a 30 pesos cada uno, y cuando mi jefe regrese de la ciudad, ustedes se los venden a 50 pesos cada uno".

Los campesinos juntaron todos sus ahorros y compraron los cientos de monos que había en la gran jaula, y esperaron el regreso del jefe. Desde ese día, no volvieron a ver ni al ayudante ni al jefe. Lo único que vieron fue la jaula llena de monos que compraron con sus ahorros de toda la vida (21). Justo así se forman las burbujas en el mercado de la Bolsa de Valores con consecuencias nefastas para naciones enteras.

### ¿Por qué ser escasos?
Set Godin nos ofrece varias razones para fomentar la escasez en productos o servicios.

- La escasez crea moda. La gente quiere algo que otros no pueden tener.
- Hacer "fila" crea demanda. La gente quiere algo que otros quieren.
- La escasez también genera publicidad de boca en boca, porque la gente habla acerca de la fila que hace, la insuficiencia de tal o cual producto y de lo increíble que es.
- Por último, la escasez de un producto o de determinado servicio "descrema" o separa a los verdaderos creyentes, a los que en verdad están dispuestos a hacer un sacrificio. Ellos son los que con más probabilidad correrán la voz y encenderán la mercadotecnia viral. Ya que hicieron un esfuerzo para adquirir el producto o servicio, son más propensos a hablar de ello e inclusive se sienten con el derecho (22).

### De tu arte a mi arte
La ley de la escasez va de la mano con la percepción que se tiene de algo como necesario por un grupo determinado de personas. Puede ser que mi teléfono de disco hecho en los años 70 sea escaso, pero nadie lo considera valioso. En cambio, un mingitorio que el artista Marcel Duchamps colocó al revés en una exposición en Nueva York en 1917, y que fue un éxito artístico en su tiempo, es hoy calificado por las 500 personas más influyentes del arte británico, como la obra más importante del siglo XX. Al final, ¿qué es lo que hace a algo valioso o no?

Duchamps pensaba que solo hacía arte, pero en realidad también hacía ciencia. Con su obra demostró que cualquier objeto podía considerarse una obra de arte si el artista la situaba en un contexto adecuado y la declaraba como tal. La escasez de esta obra en el contexto de la época y el lugar en donde se expuso, la hizo brillar y valer como el oro. Ese mingitorio, por ser históricamente único, sigue siendo valioso.

Piense en qué "museo" quiere exponer su valioso "mingitorio". Hacerlo puede ser la gran diferencia en su vida, pero recuerde que no tiene mucho tiempo: la vida es corta.

*"La escasez es la carencia de algo, y de esa carencia nace el deseo. Pero lo más importante no es tanto desear como desear desear".*
Dalmiro Sáenz

ESCASEZ

47

# 8. LEY DE AUTORIDAD
## Lo hago porque el doctor me dijo

*"La autoridad es el equilibrio de la libertad y el poder".*
Emanuel Levy

**Cuando se percibe a alguien como autoridad, se le obedece hasta límites insospechados.**

"Autoridad" se refiere a la justificación y al derecho de ejercer el poder y opinar. Por ejemplo, mientras una multitud tiene el poder de castigar a un criminal (como en los linchamientos), las personas que creen en el estado de derecho asumen que solo un tribunal tiene la autoridad para ordenar una sentencia de muerte. Al fin y al cabo es matar a alguien, pero la autoridad justifica el acto inclusive moralmente.

Uno de los estudios más famosos de la obediencia en psicología se llevó a cabo por Stanley Milgram (1963), psicólogo de la Universidad de Yale. Milgram realizó un experimento enfocado en descubrir qué pasa cuando se genera un conflicto entre la obediencia a la autoridad y la conciencia de lo que es correcto o bueno.

Examinó las justificaciones que daban los acusados por actos de genocidio en la Segunda Guerra Mundial en los juicios de Nuremberg. La defensa de la mayoría de estos sujetos se basó en "obediencia", casi siempre decían que: "solo estaban cumpliendo órdenes de sus superiores".

Milgram se interesó en investigar hasta qué punto la gente obedecería una instrucción si se trataba de hacer daño a otro. Se reclutaron personas para el experimento (mediante publicidad en periódicos) para participar en un estudio sobre el aprendizaje en la Universidad de Yale. Los participantes fueron 40 varones, con edades entre 20 y 50 años, cuyos trabajos iban desde obreros no calificados hasta profesionales.

Al comienzo del experimento se le presentó a cada elegido por separado, a otro participante que era en realidad un cómplice de Milgram. Echaron a la suerte el rol de quién sería el "alumno" y quién el "maestro", aunque todo estaba arreglado para que el cómplice terminara siendo siempre asignado como alumno. También hubo un "experimentador" vestido con una bata blanca de laboratorio (como si fuera un doctor), interpretado por un actor.

El alumno (también actor) estaba atado a una silla en otra habitación con electrodos en el cuerpo. Después de haber estudiado una lista con pares de palabras que se le dieron a memorizar, el maestro aplicaba una prueba al nombrar una palabra y pedirle al alumno que recordara su par de la lista con cuatro respuestas opcionales posibles.
Al maestro se le instruyó que administrara una descarga eléctrica cada vez que el alumno cometiera un error y que aumentara el nivel de choque cada vez que se equivocara. Había 30 interruptores en la consola del generador de choque que iban desde los 15 voltios (*shock* leve) a 450 voltios (peligro, *shock* severo).

El alumno dio muchas respuestas erróneas a propósito y para cada una de ellas, el maestro le dio una descarga. Cuando el maestro llegaba a negarse en administrar un choque y volteaba hacia el experimentador (con su bata de doctor, siendo la máxima autoridad en el cuarto) buscando orientación, se le daba una instrucción estándar que constaba de 4 incitaciones:

1. Por favor continúe
2. El experimento requiere que usted continúe
3. Es absolutamente esencial que usted continúe
4. No tiene más remedio que continuar

Sesenta y cinco por ciento de los participantes (maestros) llegaron a aplicar el más alto nivel, 450 voltios. Todos los participantes siguieron a 300 voltios (23).

Milgram llevó a cabo 18 variaciones de su estudio con resultados semejantes. La conclusión de esto es que la gente común es propensa a seguir las órdenes dadas por una figura de autoridad, incluso hasta el punto de lastimar mucho a un ser humano inocente. Milgram (1974) dijo alguna vez: "Los aspectos legales y filosóficos de la obediencia son de enorme importancia, pero dicen muy poco sobre cómo la mayoría de la gente se comporta en situaciones concretas. Realicé un simple experimento... para probar cuánto dolor un ciudadano común podría infligir a otra persona simplemente porque se le ordenaba por un científico experimental. La autoridad se enfrentó a los más fuertes imperativos morales que tenían las personas en contra del daño a los demás, y aun escuchando los gritos de las víctimas, la autoridad ganó. La voluntad extrema de los adultos para hacer casi cualquier cosa en el mandato de una autoridad constituye el principal descubrimiento del estudio".

## Puntos que generan autoridad

1. *Estatus del lugar*: Yale era un buen lugar para pedir a la gente que obedeciera, un lugar con prestigio aumenta la obediencia.
2. *Responsabilidad personal:* cuando la responsabilidad es menor, la obediencia es mayor. Cuando el participante podía tener un "asistente", 95% oprimió el de 450 voltios.
3. *Legitimidad de la autoridad:* la gente obedece a los que reconoce como una autoridad moralmente correcta o legal.
4. *Estatus de la autoridad:* el actor llamado "experimentador", llevaba una bata de laboratorio, símbolo de ser un experto científico con alto estatus. Cuando el mismo actor se vestía normalmente, la obediencia era casi nula. El uniforme da estatus.
5. *Apoyo de otros:* cuando los amigos apoyan lo contrario a la orden, la obediencia disminuye. También si el

participante ve a otros sujetos desobedecer, tiende a obedecer menos.

6. *Proximidad de autoridad:* es más fácil desobedecer a la figura de autoridad cuando se está lejos de ella. Cuando se llama por teléfono desde otro cuarto, la obediencia baja al 20%. Si está cerca aumenta de forma importante (24).

## Respeto su autoridad solo si la entiendo

El filósofo y matemático británico Bertrand Russel fue invitado para dar una conferencia sobre política en un club de mujeres conservadoras.

Debido al discurso izquierdista que utilizó, las damas comenzaron a arrojarle todo lo que caía en sus manos. Para evitar males mayores y rescatar al filósofo, un guardia intentó apaciguar a la masa enfurecida. "¡Señoras, pero es un gran matemático, es un gran filósofo!" Insistió sin ningún éxito. Finalmente gritó: "¡Su hermano es conde!". La calma volvió a la sala y Bertrand Russel pudo salvar el pellejo.

## Autoridad y liderazgo

Algunos factores permiten imponer la autoridad en determinadas ocasiones, pero no genera influencia o mando de manera instantánea: la autoridad es relativa al contexto.

La autoridad inherente al rol, debidamente empleada, debería ser suficiente para producir algo en los subordinados, pero nunca logrará el compromiso total de ellos "así como así", solo por el hecho de ser "jefe". Para ello es necesario que la autoridad inherente tenga el apoyo total de las personas. Es decir, para ser líder hay que ganarse la autoridad.

Algunos factores que permiten alcanzarla son:

1. *Respeto:* surge del reconocimiento de cada persona como única en las múltiples facetas y roles que desempeña.
2. *Coherencia:* consiste en no traicionar los propios principios e ideales.

3. **Empatía:** es la capacidad de comprender la postura del otro.
4. **Compromiso:** es participar activamente en los objetivos planteados. Tales elementos conforman al líder; el que ganó la autoridad.

### Autoridad y confianza interior

Según un estudio realizado por científicos de las universidades de Cornell y Washington, la autoridad hace que las personas se sientan más altas de lo que en realidad son (25).

En uno de los experimentos de la investigación, los científicos midieron la altura de 68 personas. Después, a un tercio de ellas se les pidió que escribieran una redacción sobre un momento de sus vidas en el que hubiesen ejercido la autoridad sobre otras personas.

A otro tercio de los voluntarios se les pidió que escribieran sobre un momento en el que se hubiesen encontrado en una situación de sumisión. Al resto se les pidió que escribieran sobre cosas ocurridas el día anterior. Después de este ejercicio, todos los participantes estimaron su talla en 20 pulgadas (medio metro) más cuando se les mostró un palo con la medida de sus estatura.

Los hombres y las mujeres que habían escrito sobre una situación pasada de poder, tendieron a señalar que dicho punto estaba más cercano a su propia altura, en comparación con los participantes que habían escrito sobre una situación de sumisión.

Los investigadores señalan que los participantes se percibieron más altos si habían hablado de una posición de poder anterior. En otros dos experimentos realizados con casi 200 voluntarios, también se demostró que el poder afecta a la percepción de la propia estatura. Según los autores del estudio, estos resultados sugieren que cuando nos sentimos mentalmente poderosos, también sobrestimamos nuestro tamaño físico. La pregunta es: ¿influirá la autopercepción de autoridad sobre otras facetas de nuestra vida?

Siempre fíjese bien si el que trae "la bata blanca" le indica algo contrario a lo que a usted le beneficia. También aprenda a ponerse dicha bata para ordenar algo que necesite. Ser líder ayuda.

*"Necesito autoridad, aunque no crea en ella".*
Ernst Jünge

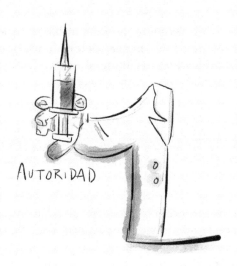

AUTORIDAD

# 9. LEY DE COERCIÓN
## Si no lo hace, verá

*"Un favor que se echa en cara, no es un favor, es un chantaje".*
Enalco

**Cuando alguien amenaza o promete algo a cambio de que la otra persona haga o deje de hacer determinada cosa, condiciona apelando a sentimientos sabiendo que afectará el comportamiento. Se trata de coerción; un chantaje.**

¿Sabe que diariamente es chantajeado de muchas formas sin darse cuenta? Lo hacen los que le venden sopa de pasta, las fundaciones de beneficencia e inclusive los grupos de rock. ¿Le suena extraño? Pues diariamente es usted manipulado por muchas personas e instituciones.

Imagínese que escucha de repente la canción de moda que habla de un amor perdido en el que engañan y dejan a alguien. Ese "alguien" es usted mismo; el amor continuará hasta el final de los tiempos y usted es y será muy miserable según la estrofa. La canción es tan triste y se identifica tanto con ella, que la convierte en una de sus favoritas. Así, el cantante, el productor, la disquera, el arreglista, el comentarista de radio, y todos los involucrados en esta producción le están chantajeando sin que nadie se dé cuenta, tal vez ni ellos mismos. Es un chantaje oculto y masivo.

Apelan a un sentimiento muy íntimo que usted tiene y que comparten millones de personas, para que compre el disco o lo baje de iTunes. Igual sucede con las películas y con gran cantidad de cosas. Por ejemplo, el anuncio de televisión donde un niño *boy scout* tiene un recuerdo nostálgico en su día de campo: "Me encantaba la sopa que me hacía mi mamá". Listo... ¡sucedió ya el chantaje sin que usted se diera cuenta! No hay coerción evidente como en un chantaje típico que se apoya en la culpa y miedo: "Tengo fotos de ti desnudo con otras personas, dame dinero o las publico". Pero el sentimiento de nostalgia que genera proviene de un chantaje oculto, basado en el sentimentalismo. Como la novia que llora de todo para que su novio haga lo que ella quiere o como el niño que gime para que lo carguen.

Con quien más se utiliza el chantaje es con las personas que amamos: "¿Ya no me quieres verdad?". "¡Si no lo haces, me voy!". "Si te portas bien, te lo compro". "Si no arreglas tu cuarto, no sales". Abusamos de la compasión innata del ser humano.

**Chantajeología**
Existen seis aspectos fundamentales cuando hablamos del chantaje sentimental (26).

1. *Exigencia*: implícita o explícitamente siempre existirá algo que se quiere conseguir de una de las partes. "Quiero casarme contigo", no te lo digo pero te lo insinúo.

2. *Resistencia:* la otra de las partes no debe estar de acuerdo con la exigencia para que se lleve a cabo el chantaje. "Yo no quiero casarme con ella, es muy guapa y la quiero pero no estoy listo".

3. *Presión:* al percibir la resistencia, la parte demandante presiona con cuestionamientos y afirmaciones poderosas de todo tipo. "Siempre me has dicho que me amas. ¡Pruébamelo! Si no nos casamos significa que no me quieres. ¿Te doy pena, verdad?".

4. *Amenaza:* al continuar la resistencia, viene la amenaza, intimidación o ultimátum. "Si así me vas a tratar, como una amiga más y no quieres casarte, ya no quiero ser tu novia".

5. *Obediencia:* la parte resistente cede porque no quiere que surta efecto la amenaza; teme que lo que le dicen suceda y sufra las consecuencias. "Bueno, ¡casémonos!, la verdad te quiero mucho y aunque no me quiero casar, no te quiero perder".

6. *Reiteración:* una vez que la parte resistente cede ante la parte exigente, se pasa por un periodo de paz aparente, pero el chantaje está completo y los roles están ya definidos. Ahora la parte exigente sabe cómo hacer que la otra actúe como ella quiere, y esta última está condicionada. "Cómprame la camioneta, no lo haces porque nunca me has querido, casi te obligué a casarte conmigo porque nunca me quisiste".

## No le entro al juego
El antichantaje es justo lo opuesto a estos seis puntos:

1. *Definir la posición:* "No quiero casarme todavía".
2. *Plantear necesidades:* "Te quiero pero por ahora no puedo estar acompañado, necesito concentrarme en mi maestría".
3. *Dejar en claro qué cosas se aceptarían y cuáles no:* "Podemos pensar que en marzo del próximo año determinaremos la situación, pero en estos seis meses restantes que faltan, no hay forma".
4. *Aceptar o rechazar:* "Si tú aceptas que lo platiquemos después, me daría mucho gusto; si no lo aceptas, lo entenderé".

## El pato que todos usamos
Un niño visitaba a sus abuelos en su finca. Le habían dado una resortera para que jugara en el bosque. Por mucho que él practicaba, nunca le daba al blanco. Cuando caminaba hacia su casa para ir a cenar, se encontró al pato favorito de su abuela. Impulsivamente lanzó una piedra y le dio directamente a la cabeza. El niño se espantó y escondió el animal muerto en una pila de madera. Se dio cuenta que su hermana María lo había visto todo y no dijo nada. Pero ese día, después del almuerzo, la abuela dijo: "María vamos a lavar los platos". Ella respondió: "Abuela, José me dijo que él quería ayudarte en la cocina". Entonces le susurró a su hermano: "¿Recuerdas el pato?". El muchacho lavó los platos por un año.

Cuando se emplea la "ley del chantaje" se producen algunos sentimientos en el otro: intenso deseo de ayudar, miedo, culpa, vergüenza o sensación de vacío.

**Palomas supersticiosas y mandilones**
En el premio está implícito el castigo y viceversa: si haces "esto" te pasa "esto"; si no lo haces, te pasa "esto otro". Se llama refuerzo condicionado, y puede ser positivo o negativo y funciona para amaestrar cualquier animal o ser humano. Se obsequia un premio si se da una voltereta o si se aprieta un botón. También puede haber uno que otro toquecillo eléctrico. Se trata de "premio o castigo", y Frederic Skinner fue el científico que revolucionaría este antiguo y sabido concepto.

**Condicionamiento clásico**
Skinner escribió más de una veintena de libros y cerca de doscientos artículos científicos siendo catedrático de Harvard. Podía dirigir un misil con palomas entrenadas a picotear círculos que lo controlaran y podía hacer que dos palomas jugaran pin pon o anduvieran en carritos, pero no era un cirquero; lo que había de fondo era la posibilidad de manipular el comportamiento.

Con esta inteligencia pudo crear un experimento impresionante y cruel que se llama comúnmente "superstición entre las palomas":

1. Se colocan varias palomas en un lugar cerrado
2. Se sitúa un dispositivo que, con cierta frecuencia, a intervalos cortos de tiempo, les proporcione comida
3. El dispositivo está automatizado para que dé comida cada cierto tiempo; no depende de nada, es decir, funciona sin ninguna razón relacionada al comportamiento de la paloma u otra cosa
4. El resultado es que las palomas parecen volverse locas y mueren (27).

¿Por qué? La razón es que las palomas acababan repitiendo exactamente lo que estaban haciendo en el momento de recibir la comida. Una paloma daba vueltas, otra se agachaba constantemente, otra se rascaba, otra aleteaba con frenesí. Se volvieron "supersticiosas". Creen que al hacer eso reciben comida y mueren.

## ¡Soy mandilón y qué!

Ferdinando diariamente prepara el desayuno de su esposa por la mañana. Después la peina para desenredarle el cabello y le hace la cama. Luego se va a trabajar muchas horas y al regresar de su jornada laboral, la lleva a cenar o con ahínco le prepara la cena. Él lava y plancha toda la ropa. Casi no visita a su familia y por supuesto que no tiene muchos amigos. Está completamente entregado a su mujer, quien no trabaja ni mueve un dedo en el hogar literalmente.

Seguramente existen también mujeres en la misma situación, el género no es lo determinante. El punto es: ¿cómo lograron sus respectivas parejas tener virtualmente esclavos que además parecen estar contentos con la situación? Respuesta: condicionamiento; coerción, chantaje, caras, peleas, enojos y todo tipo de refuerzo negativo, ¡pero también con un refuerzo positivo implícito!: "Amor, si haces todo como me gusta, te haré la vida más sencilla".

*"¿Cuál es el principio básico, el esencial, el crucial, que diferencia libertad de esclavitud? Es el principio de acción voluntaria frente a la coerción u obligatoriedad".*
Ayn Rand

# 10. LEY DEL ATRACTIVO
## Me veo bien y me hace caso

*"Si quiere ser presidente, no pierda el tiempo: tome un video y practique durante horas para aumentar su atractivo televisivo".*
John Anderson

**Si se considera a una persona o cosa como bella o atractiva, se será más propenso a acceder a lo que se pida en su nombre.**

La imagen personal, la estética o la belleza tienen siempre un impacto positivo. Atraer hacia uno miradas, gente, ideas, sexo, votos... todo tiene que ver con la vista y lo bello. Más del 83% de las decisiones que tomamos lo hacemos a través de lo que perciben los ojos (28). Vivimos en un mundo donde se impone la apología de lo visual, donde la imagen es el único lenguaje y se convierte en el todo. La imagen, no solo vale más que mil palabras, la imagen es palabra.

Tal supremacía de la imagen y lo "bonito" se vive de manera cotidiana. Así, en las contrataciones de personal no necesariamente se selecciona a los mejores empleados potenciales, en gran medida la percepción visual es determinante. En el ámbito laboral, las personas que son consideradas más atractivas, son las que mejores sueldos tienen, las que son fácilmente promovidas e inclusive son consideradas más inteligentes. Distintos estudios han comprobado que en las escuelas primarias, los niños más "lindos" obtienen mejores calificaciones.

Para juzgar lo bello, existen variables que aplican según la circunstancia, cultura, nivel socioeconómico, época y país; todo afecta a nuestra percepción. Pero existen elementos que se están democratizando; los valores, conceptos e ideas se homogenizan más y más con ayuda del Internet y sus redes sociales, lo que hace cada vez más fácil conocer y reconocer lo atractivo de otras culturas.

### Si confío en mí me veo bien

El atractivo en una persona va más allá de lo visual y evidente. Radica en cuestiones tan sutiles como el tono de voz, el aroma, la altura, los movimientos, la personalidad, el sonido de una risa, y tantos más detalles que hacen del ser humano algo tan especial y único.

El común denominador universal del atractivo es la confianza en nosotros mismos. Al creernos guapos y sentirnos atractivos lo proyectamos. Este es el secreto de belleza a los ojos de los demás. Se refleja en la forma de caminar, hablar y dirigirnos a la gente. El atractivo empieza por tenernos confianza y respeto. La belleza interna siempre se proyecta al exterior.

Una encuesta realizada por la London Guildhall University a once mil personas mostró que aquellos que se describen a sí mismos como físicamente atractivos, ganaban más dinero que otros que se describen como menos atractivos. Las personas que se describieron como menos atractivas ganaban, en promedio, 13% menos de los que se describen como más atractivas; también las personas con sobrepeso ganan 5% menos. Puede ser que esto se deba meramente a la autoestima, lo que es seguro es que la variable "apariencia física" está relacionada con esta aseveración.

### Deseable es bello

Aun con la diversidad de gustos y preferencias que existen, se puede llegar a mejorar el propio atractivo ya que hay ciertos parámetros universales, ciertos aspectos que son útiles porque nos acercan a lo que nuestro inconsciente colectivo considera como bello y atractivo.

El estereotipo del atractivo físico es un concepto que los psicólogos utilizan para referirse a la tendencia a asumir que las personas que son físicamente atractivas poseen también otros rasgos de personalidad socialmente deseables. Está demostrado que la gente tiende a pensar que estas personas son también más felices, sociables, amables y exitosas.

El estereotipo actúa como una profecía. Cuando las personas más atractivas son consideradas más valiosas para la sociedad, automáticamente reciben un trato preferencial. Algunos estudios corroboran que lo atractivo se relaciona con un mayor ingreso personal, habilidades sociales y confianza en uno mismo (29).

### En un objeto, ¿qué es lo que atrae?

Si bien poco puede objetarse de que lo bello es deseable, la verdadera pregunta es: ¿qué es lo que hace a algo bello? Se ha llegado a ciertas consideraciones que pueden ser aplicadas universalmente para crear "algo" bello:

1. *Geometría:* el humano tiende a preferir las figuras geométricas, sobre todo en lo que él crea. Los objetos naturales son más bien fractales y también los aprecia.

2. *Valor intrínseco:* si algo es considerado como un clásico (Ford T), es escaso (diamante), diseñado por alguien importante (un artista afamado), icónico (relacionado a una época o momento dado) o tiene cualquier valor *per se,* automáticamente se le encuentra lo bello.

3. *Proporción áurea:* tener dentro de su composición el número *Phi* (1.618033989) como proporción. Existen muchos ejemplos: tarjetas de crédito, pantallas LCD, fachadas arquitectónicas, cuerpo humano, pinturas, etc.

4. *Unidad simplificada:* tener pocas formas geométricas diferentes que sean perceptibles. Simplificación de materiales, partes, funciones, colores, componentes y medidas.

5. *Simetría:* si dividimos algo y se ve igual o en espejo, es agradable a la vista.

6. *Expresivo o neutro:* lo neutro que no expresa nada, minimiza el impacto y puede combinarse con cualquier

ambiente. Lo muy expresivo contrasta y resalta mucho. Ambas son reconocidas como expresiones bellas; cualquier cosa en medio de las dos se percibe como mediocre.

### En una persona, ¿qué es lo que atrae?

Existe una lista interminable de estudios relacionados con lo que es considerado como físicamente atractivo. Lo describiremos económicamente, lo cual puede parecer tajante, pero la longitud de cada consideración obliga a ser concisos.

### Hombre atractivo

*Simetría:* se prefiere cara y cuerpo simétrico.

*Olor corporal:* a veces simplemente alguien es calificado con mejor olor y atrae más (generalmente los simétricos).

*Genética:* se prefieren los sistemas inmunológicos complementarios. Se percibe a veces por olor.

*Años:* los prefieren de mayor edad.

*Proporción cintura/pecho:* cuerpo en "V" (hombros más anchos que cintura).

*Musculatura:* fuertes, pero no muy musculosos.

*Genitales:* si son grandes aumentan el atractivo.

*Altura y postura erecta:* más altos que ellas y con postura recta.

*Vellosidad:* se prefiere en la cara, en cuerpo solo en algunos países.

*Color de piel:* indiferente, tendiendo a oscura.

### Mujer atractiva

*Características faciales:* simetría, ojos grandes delineados y separados, nariz pequeña, quijada delgada, orejas pequeñas, frente amplia.

*Juventud:* varía según la edad del hombre, pero por lo general las prefiere más jóvenes. Las mujeres son consideradas como más bellas entre los 18 y los 40.

*Senos:* simétricos y firmes (en Occidente, más grandes).

*Glúteos:* redondos y firmes.

*Masa corporal:* promedio, ni gorda ni flaca.

*Proporción de la cintura-cadera:* Cintura más pequeña que las caderas. Proporción de 0.7 a 0.8 (60 cm de cintura entre 90 de cadera, igual a 0.72, por ejemplo).

*Altura:* menos alta que el hombre.

*Piernas:* largas (si son 5% más largas que la media, se considera atractiva).

*Cabello:* largo y brilloso.

*Movimiento:* se prefiere movimiento sinuoso de cadera.

*Piel:* cuidada, clara o morena. Se prefieren tonos rojizos a los amarillos.

*Color de ojos:* indistinto.

### ¿Cómo lucir más atractivos?

*Hombres:* mejorar calzado, ropa, glúteos, dientes y limpieza.

*Mujeres:* mejorar postura, vestimenta, peinado, maquillaje. La ropa interior de calidad realza los atributos naturales.

### Todo es relativo

Aunque hay tendencias verificadas y estudios sobre cuestiones consideradas "universales", nada es inamovible. Lo que se considera como atractivo está determinado culturalmente y cambia según los diferentes patrones de estética y tendencias de la época. También influyen las relaciones sociales en los juicios de imagen, conductas e incluso en las diferencias de género. Lo mismo sucede con todos los objetos; lo común o vulgar puede volverse bello de repente.

También es cierto que la influencia del atractivo físico en las relaciones sociales queda manifiesto cuando las personas consideras más atractivas tienen más acceso a ciertos lugares, a ocupar posiciones de liderazgo dentro de un grupo y a ser juzgadas más favorablemente. También los objetos más bellos se venden mejor y valen más.

Las personas que se ven bien, tienen ventaja para persuadir, pero basarse solo en eso es peligroso y a la larga poco efectivo: fondo y forma son igual de importantes.

Piense bien cómo verse mejor y cómo lograr que lo que usted haga se vea también mejor. Recuerde que en lo que a su persona se refiere, no importa ni su peso ni su estatura, lo que importa es lo que usted proyecta. La belleza es la percepción placentera de lo "otro" que provoca una respuesta positiva en uno. Es también un reflejo de lo que la persona tiene dentro sí misma: en su inconsciente, en su cultura y hasta en su genética.

*"Hay personas que por mucho que envejezcan, jamás pierden su belleza; solo se les pasa de la cara al corazón".*
Martín Buxba

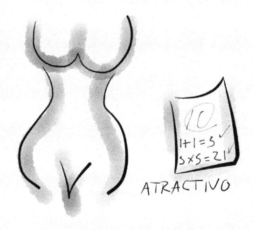

# 11. LEY DEL PODER
## Si me da poder, lo sigo

*"El hombre más poderoso es el que es dueño de sí mismo".*
Séneca

**Si un personaje hace creer que gracias a él se pueden obtener beneficios de tipo sexual, político, amoroso, económico o espiritual, será seguido, aceptado y a veces amado. El que los demás deseen algo, le da poder.**

El poder es un concepto ambiguo en el que caben todos los deseos y sus probabilidades. Es indefinido y se basa en las aspiraciones de los demás. De eso viven los políticos, de hacer pensar al pueblo que tendrá mayor poder adquisitivo, y a sus colegas en el servicio público, los hacen creer que si los apoyan obtendrán beneficios económicos y profesionales. Es el motor más básico para el hombre porque tiene que ver con la supervivencia del ego.

### Poder nefasto
Seguimos a quien creemos que nos puede dar o quitar aquello que anhelamos: amor, seguridad, información y sentido de pertenencia.

La estrategia de la ley del poder nefasto es esta:

*Prometa:* diga que habrá algo mejor si se hace tal o cual cosa.
*Someta:* castigue y limite en caso de que no se haga lo que quería.
*Rompa:* destruya reglas, instituciones, amistades, valores, con el fin de que se consiga lo que quiere.

*Una:* Junte ideas, personas, enemigos, amigos. Establezca puentes de interés.

*Aparente:* tenga prudencia en lo que diga y haga; si es bueno, que parezca bueno; si no lo es, también.

*Evidencie:* tenga pruebas de que lo que hace, le conviene a los demás.

## Liderazgo: antítesis del poder nefasto

La característica principal del líder innato es la fuerza que nace de sus ideas y convicciones. No puede fingirse, es parte de él mismo.

Según nuevas estadísticas, cuatro de cada diez empleados renuncian por considerar incompetente a su jefe (30).

En general, los jefes suelen confundir liderazgo con el hecho de poder despedir a un subordinado, este error hace que un tercio de los empleados piensen que su jefe es ineficaz y que está poco capacitado para su cargo. Este fenómeno se convierte cada vez más en causa de renuncias voluntarias.

Recientemente, la empresa para gestión del talento DDI presentó una investigación realizada con 1279 trabajadores de Estados Unidos, Reino Unido, Australia, Canadá, China, Alemania, India y el sudeste asiático, para saber lo que los empleados piensan de sus jefes. Se descubrió que a nivel mundial existe un gran descontento entre los empleados y la actitud de sus jefes inmediatos.

Por ejemplo, el 34%, afirma que solo a veces o nunca se considera que su jefe sea eficaz, y el 37% de ellos no se sienten motivados a dar lo mejor de sí ante él. La falta de comunicación y empatía pueden ser las causas principales de esta situación.

Solo cuatro de cada diez empleados dicen que su jefe no daña su autoestima. A pesar de que la mitad de esos diez considera que podrían hacer mucho mejor el trabajo que su propio jefe, solo la mitad querría ocupar su puesto. Un hallazgo que muestra una perspectiva directa de la oferta futura de líderes. Parece que existe menos compromiso para los cargos que implican tal responsabilidad.

En la investigación, el 49% de los empleados aseguraron que pocas veces o nunca fueron tomados en cuenta por su jefe para solventar una problemática laboral que les concernía. El estudio señaló que los errores más comunes en el ejercicio de liderazgo son: no escuchar, la incapacidad para lidiar con el conflicto, favoritismo, falta de información y falta de consulta con el personal.

Por otra parte, siete de cada diez encuestados dijo que su jefe perdía la serenidad y la actitud positiva cuando se hablaba de un problema. Los casi 1300 empleados encuestados coincidieron en que un buen jefe debe:

- Reconocer apropiadamente las actitudes de sus empleados.
- Apoyarlos constantemente y conversar cuando se nota un descenso en la calidad del trabajo.
- Involucrar al personal en las decisiones laborales.
- Escuchar.
- Tomar tiempo para explicar de manera razonable las decisiones concernientes al trabajo.
- Respetar y mantener la autoestima de sus empleados.

### Las 48 leyes del poder
El famoso libro de Robert Greene y Joost Elffers, *"Las 48 leyes del poder"* conjunta sabiduría, autores y personajes clásicos como Sun Tzu, Lidell Hart, Nicolás Maquiavelo, Confucio, Napoleón Bonaparte, Julio Cesar entre otros. Me permití ponerlas en una lista y comentarlas con frases en negritas, en un esfuerzo de agregarles valor al matizarlas, aterrizarlas y en algunos casos, contradecirlas.

1. Nunca le haga sombra a su amo. **C: no deje de ser asertivo.**
2. Nunca confíe demasiado en sus amigos; aprenda a utilizar a sus enemigos. **C: confíe cuando así lo intuya.**
3. Disimule sus intenciones. **C: tenga buenas intenciones que sí se puedan mostrar.**

4. Diga siempre menos de lo necesario. **C: sea prudente.**
5. Casi todo depende de su prestigio; defiéndalo a muerte. **C: no mate ni muera por defenderlo.**
6. Busque llamar la atención a cualquier precio. **C: asóciese a algo positivo.**
7. Logre que otros trabajen por usted, pero no deje nunca de llevarse los laureles. **C: dé el mérito a quien lo merece, será más benéfico para usted.**
8. Haga que la gente vaya hacia usted y, de ser necesario, utilice la carnada más adecuada para lograrlo. **C: no pesque tiburones.**
9. Gane a través de sus acciones, nunca por medio de argumentos. **C: si no gana, argumente porqué perdió.**
10. Peligro de contagio: evite a los perdedores y los desdichados. **C: sin arruinarse usted, trate de ayudarlos.**
11. Haga que la gente dependa de usted. **C: genere gente independiente que le sea leal.**
12. Para desarmar a su víctima, utilice la franqueza y la generosidad en forma selectiva. **C: tenga más aliados que víctimas.**
13. Cuando pida ayuda, no apele a la compasión o a la gratitud de la gente, sino a su egoísmo. **C: cuide que al alimentar ese ego no acabe por comérselo a usted.**
14. Muéstrese como un amigo pero actúe como un espía. **C: casi siempre sabrán que no es sincero.**
15. Aplaste por completo a su enemigo. **C: hágase amigo de sus enemigos cada que pueda.**
16. Utilice la ausencia para incrementar el respeto y el honor. **C: cuando así le convenga.**
17. Mantenga el suspenso. Maneje el arte de lo impredecible. **C: ¡sorprenda!**
18. No construya fortalezas para protegerse. El aislamiento es peligroso. **C: conviva o muera**
19. Sepa con quién está tratando. No ofenda a la persona equivocada. **C: no ofenda a nadie, aunque no sea importante.**
20. No se comprometa con nadie. **C: comprométase con quienes se comprometen con usted.**

21. Finja candidez para atrapar a los cándidos Muéstrese más tonto que su víctima. **C: el arte de la guerra se basa en el engaño, pero el arte del amor también funciona.**
22. Utilice la táctica de la capitulación. Transforme la debilidad en poder. **C: resurja de sus cenizas.**
23. Concentre sus fuerzas. **C: en el punto más débil del otro.**
24. Desempeñe el papel de cortesano perfecto. **C: sin prostituirse.**
25. Procure recrearse permanentemente. **C: sana- mente.**
26. Mantenga sus manos limpias. **C: y su cabeza.**
27. Juegue con la necesidad de la gente de tener fe en algo, para conseguir seguidores incondicionales. **C: tenga fe.**
28. Sea audaz al entrar en acción. **C: entre hacer y no hacer, siempre haga.**
29. Planifique sus acciones de principio a fin. **C: cuando no pueda, improvise basado en auténtica intuición.**
30. Haga que sus logros parezcan no requerir esfuerzos. **C: Si no se esfuerza, haga parecer que sí.**
31. Controle las opciones. Haga que otros jueguen con las cartas que usted reparte. **C: controle mejor repartiendo pocas opciones.**
32. Juegue con las fantasías de la gente. **C: cuando acabe el juego, cuídese de no provocar rencor.**
33. Descubra el talón de Aquiles de los demás. **C: cuide que Aquiles no se dé cuenta.**
34. Actúe como un rey para ser tratado como tal. **C: sea un rey justo.**
35. Domine el arte de la oportunidad. **C: ¡practíquelo!**
36. Menosprecie las cosas que no puede obtener. Ignorarlas es la mejor de las venganzas. **C: evite preocuparse por el qué dirán, así no tendrá que vengarse.**
37. Arme espectáculos imponentes. **C: y costeables.**
38. Piense como quiera, pero compórtese como los demás. **C: o júntese con quien piensa y se comporta como usted.**
39. Revuelva las aguas para asegurarse una buena pesca. **C: no se moje mucho las mangas.**
40. Menosprecie lo que es gratuito. **C: pague cuando deba pagar.**

41.  Evite imitar a los grandes hombres. **C: súbase a sus hombros para ver más lejos.**
42.  Muerto el perro, se acabó la rabia. **C: aun así, vacúnese.**
43.  Trabaje sobre el corazón y la mente de los demás. **C: y con los de usted mismo.**
44.  Desarme y enfurezca con el efecto espejo. **C: cuando se lo hagan a usted, desármelo no enfureciéndose.**
45.  Predique la necesidad de introducir cambios, pero nunca modifique demasiado a la vez. **C: cambie lo que se tenga y pueda cambiar.**
46.  Nunca se muestre demasiado perfecto. **C: sepa que todos somos perfectos aunque nos equivoquemos.**
47.  No vaya más allá de su objetivo original; al triunfar, aprenda cuándo detenerse. **C: no quiera estar en guerra siempre, consiga la paz.**
48.  Sea cambiante en su forma. **C: adáptese** (31).

Escoja entre ser Maquiavelo o Jesús, personajes que sabían manejar el poder. Dese cuenta que los dos fueron torturados: el poder siempre implica una responsabilidad y un costo. En ambos casos, las heridas fueron físicas, pero solo en uno tuvieron un significado trascendente. Por eso antes que el poder, primero busque el significado de lo que hace. Esa será la mejor guía para utilizarlo correctamente.

*"Después del poder, nada hay tan excelso como el saber tener dominio de su uso".*
Jean Paul

PODER

# 12. LEY DEL INCENTIVO
## Gane al estar conmigo

*"La guerra y riesgos masivos también tienen incentivos"*.
Anónimo

**El ser humano actúa por estímulos, hará o aceptará cualquier cosa que crea que le conviene para alcanzar sus intereses particulares.**

La psicología social y la sociología coinciden en decir que esta ley es decisiva en las relaciones humanas (matrimonios, equipos de trabajo, noviazgos y sociedades). Le llaman "Teoría de intercambio social" y lo explican como un proceso de intercambio negociado entre personas en el que todas las relaciones humanas se basan en relación al concepto costo-beneficio. Por ejemplo, cuando una persona percibe los costos de una relación por encima de los beneficios obtenidos, la dará por terminada.

Podemos afirmar que las personas responden a estímulos, compensaciones e incentivos. Aun sin darse cuenta, la gente es racional y siempre considera los riesgos que conllevan cada una de sus acciones.

Un incentivo no se refiere solo a dinero. En los programas de incentivos organizacionales, por ejemplo, saben que no basta con una recompensa económica para los empleados que llegan a ciertas metas de resultados o productividad, sino que deben tener programas integrales en los que los colaboradores se sientan reconocidos y realizados por el desempeño de sus labores.

Esto nos permite deducir que las recompensas deben manejarse individualmente, porque lo que puede ser atractivo para un empleado o consumidor determinado, puede no serlo para otro. Así, los bancos ofrecen ahora diferentes "premios" para sus clientes: millas, descuentos, programas exclusivos, etc. Saben que no todos son iguales y tratan de ofrecer trajes a la medida para cada uno de ellos.

Los incentivos no solo generan emociones positivas, satisfacciones, recordación o posicionamientos de marca; pueden generar un emporio.

## Chicles, chicles

William Wrigley viajó desde Filadelfia a Chicago. Tenía 29 años, 32 dólares en el bolsillo y un gran talento como vendedor. Su padre era fabricante de jabón, así que William comenzó vendiéndolo con la marca "Wrigley". Como incentivo, regalaba levadura en polvo en la compra del producto. Cuando la levadura resultó tener mayor popularidad que el jabón, se pasó al negocio de la levadura en polvo. En 1892, William tuvo la idea de incentivar ofreciendo dos paquetes de chicles con cada lata de levadura. La oferta fue un gran éxito. De nuevo el regalo de la promoción era más atractivo que el producto que comercializaba, así que empezó a distribuirlo. Si alguien no conoce la marca, quizás valga la pena que lea bien las letras pequeñas de los chicles que consume normalmente para darse cuenta de lo grande que es este emporio que nace de la ley del incentivo.

## La lógica económica de la vida

Recientemente han tenido éxito libros escritos por economistas como Tim Harford y Steven Levitt porque hacen análisis muy interesantes a partir de la premisa de que el ser humano y prácticamente todo ser en la naturaleza, es racional. Con racional no se refieren a que los seres seamos brillantes intelectualmente, sino a que tenemos un comportamiento lógico basado en incentivos, no tanto en sentimientos o en aleatoriedad.

Harford ha citado varios ejemplos de experimentos interesantes que confirman que la "Ley del incentivo" en el comportamiento de los seres vivos, hace que respondamos a estímulos. Responderemos positivamente cuando algo resulte sencillo, barato o benéfico; y de forma negativa, cuando implique más costo. El incentivo domina prácticamente toda nuestra vida (32).

### Incentivo para el sexo seguro y para no delinquir

Disminuirían las prácticas sexuales sin protección si fuera obligatorio legalmente para los adolescentes notificar a sus padres sobre los abortos que se realicen. Tim Harford presenta este estudio de Lick y Tratmann (2005) en el que los adolescentes inconscientemente evitan la vergüenza de decir a sus padres que están embarazadas y al riesgo de contraer SIDA. Algo semejante encontramos en estudios de Steven Levitt (2005) donde es claro que los estados donde se imponían penas más severas y tempranas disuadía a los adolescentes de cometer fechorías en edad adulta (33).

*Penas más duras = menos delincuencia*
*Más vergüenza = menos sexo riesgoso*
*Incentivo = acción deseada*

### Ratas administradoras

En un famoso experimento las ratas de laboratorio administraron un "presupuesto" para beber ya sea agua quina o cerveza de raíz (34). Se demostró que deciden administrar el consumo de la amarga agua quina y de la deliciosa cerveza de raíz respondiendo al precio (número de presiones a la palanca) y salario (límite de presiones disponibles). No es que sepan qué es un presupuesto, lo hicieron simplemente buscando y recibiendo estímulos; los seres humanos solemos actuar así aun no estando conscientes de estar administrando esfuerzos, costos y premios.

### Perdedor/ganador

Durante los Juegos Olímpicos de St. Louis, Missouri en 1904, durante la prueba de maratón, Fred Lorz fue el primer competidor en cruzar la línea de meta y como ganador se le premió con una corona de laurel que le colocó en la cabeza Alice Roosevelt, hija del entonces presidente norteamericano Theodore Roosevelt. De inmediato fue descalificado por tramposo.

Transcurrida la mitad de la competencia, Lorz empezó a sentirse mal, así que decidió subirse al coche de un funcionario que pasaba por allí. Le pidió a este que lo llevase hasta el estadio para recoger su ropa, debido a su indisposición.

Recorrió en el automóvil los 11 kilómetros que aún lo separaba del estadio y una vez en la puerta, encontrándose ya recuperado, se le ocurrió bajarse del auto, a manera de broma, entrar corriendo al estadio olímpico y cruzar la meta. La gente se entusiasmó a su llegada creyendo que era el legítimo ganador y él se dejó llevar por la emoción de los acontecimientos. Una vez descubierta su trampa fue despojado del galardón.

La vergüenza, el orgullo y el deseo de premio, incentivó a Fred Lorz para que al año siguiente ganara el maratón de Boston, esta vez sin trampa alguna. Los incentivos son el alimento natural de la acción; busque los propios y aplíqueselos usted mismo, encuentre los que afectan a los demás y adminístreselos. Deme un incentivo y moveré la tierra.

*"Mujeres…Y si habitaran la Luna, habría más astronautas que arenas en el mar"*.
Ricardo Arjona

75

# 13. LEY DEL INCONSCIENTE
## Conduzca mis sueños

*"El inconsciente es la historia de la humanidad desde los tiempos inmemoriales".*
Carl Gustav Jung

**La mente inconsciente actúa al mismo tiempo que la consciente, con la diferencia de que las personas no se dan cuenta. Es la parte sumergida del iceberg. Quien guíe el inconsciente dirige en gran parte la voluntad de la gente.**

Su libro estaba casi listo para ser publicado. Solo faltaba un detalle, el título. Su editor le dio un ultimátum: "Si para mañana no me das un título que valga un millón de dólares, lo mando imprimir como *Use Your Noodle to Get More Boodle* (*Usa tu cerebrín y obtén mayor botín*)".

El autor decidió recurrir al apoyo de un aliado, su inconsciente; el conjunto de pensamientos de los cuales no tenemos conciencia plena y que puede manifestarse en acciones que hacemos sin darnos cuenta al estar despiertos o a nuestros pensamientos mientras dormimos.

Así que el autor, que por cierto era Napoleón Hill, al irse a acostar lo hizo con la firme convicción de que tendría el título adecuado al día siguiente y dejó la tarea a su pensamiento inconsciente. En la madrugada despertó, llamó a su editor y le dijo: "Ya tengo el título para el libro, se llamará *Piense y hágase rico* (35). Fue un éxito en ventas; el segundo libro más vendido en la historia después de la Biblia.

El inconsciente actúa siempre a la par pero sin que lo notemos. Es una mente alterna, un tomador de decisiones que no está separado de

76

nosotros, es uno mismo en secreto que guía en gran parte la voluntad sin que se sepa ni la mitad de lo que sucede en realidad.

A diario nos encontramos con situaciones donde este "otro yo" es quien toma las decisiones y quizás no las toma él solamente, sino que algunas le son inducidas.

### Comer para no llegar

A nivel consciente decido algo y digo: "Comeré en este lugar porque me gustan las hamburguesas". Inconscientemente lo que en realidad sucede es que detecto que los colores naranja y amarillo que predominan en el lugar me generan más hambre.

La "M" del logotipo semeja unos senos. Solía comer aquí con mi exnovia y la extraño. Todo esto pasa mientras observo a un payaso que sonríe sentado afuera del local de comida rápida. Eso me comunica felicidad y junto con el aroma a pan recién horneado, me regresa a la infancia y a momentos especiales. Al mismo tiempo, sé que comer hamburguesas me hace daño pero se me antojan porque en realidad quiero faltar a esa reunión de excompañeros de la universidad y prefiero enfermarme para tener un pretexto. ¡Cuántas cosas pienso sin estar consciente!

### Dialogo interno

*Consciente:* "Soy una mujer joven y me gusta ese hombre".

*Inconsciente:* "Su loción me recuerda a mi papá, también su manera de fumar. Así se veía cuando yo era pequeña. Esa camisa roja me parece atractiva. Sus ojos se dilatan cuando me ve y es algo hipnótico; me dicen que soy bonita. Sus feromonas me dicen que es ideal para mi tipo de genética".

### Me pareces conocido

Los experimentos de Zajonc y Bornstein sobre exposición subliminal fueron notables por hacer evidente el proceso mental inconsciente. A varias personas se les mostraron muy brevemente imágenes de diferentes rostros. La segunda vez que se les citó, tal y como se esperaba, no pudieron identificar cuáles habían visto antes; pero, al pedirles que aunque no fueran recordadas señalaran cuáles les gustaban más, coincidió que las que les habían mostrado fueron las que obtuvieron mayor puntaje. El hecho de haber visto un rostro antes, aunque no lo recuerde, hace que le caiga mejor en un segundo encuentro (36).

La siguiente parte del experimento consistía en mostrar muy brevemente a los participantes, imágenes subliminales (en una película donde no se vieran de forma obvia sino escondidas en algún cuadro) de dos personas que llamaremos X y Y. Después de esa sesión se pidió a los sujetos, así como a X y Y, que discutieran para determinar el sexo del autor de varios poemas. Sin que los voluntarios lo supieran, se había dispuesto que X y Y se mostraran en desacuerdo para que el sujeto tuviera que mediar. Como la hipótesis de la mera exposición indicaba, los sujetos tendían a apoyar a la persona cuyo rostro habían visto inconscientemente. Los que vieron a X en la película subliminal, apoyaban a X, y los otros a Y, ¡solo por haber visto la foto durante unas fracciones de segundo!

Posteriormente, Bornstein realizó un análisis más profundo de la investigación sobre la exposición subliminal. Su hallazgo resultó importante. Es más fácil influir en las emociones de un sujeto cuando este no se da cuenta de ello.

Existe algo que se llama "activación subliminal de las emociones". Se muestra muy brevemente (5 milésimas de segundo o 1/200 de segundo) la imagen de un rostro malhumorado o sonriente según la emoción que se desee asociar. Se enmascara esta acción para que no sea obvia ni se recuerde, y se presenta una imagen de otro objeto o persona. El que alguien guste o no de esta última, dependerá de la cara sonriente o enojada que se induzca subliminalmente.

El psicólogo social John Bargh demostró en experimentos que la longitud del cabello, el color de piel, sexo, estatura y otras características físicas, activan estereotipos que, aunque lo neguemos, influyen en el trato que tengamos hacia esas personas casi de manera inevitable. Pero no solo eso, en otros experimentos fue notable encontrar que a ciertas personas que se les pidió que formaran frases de ancianos, por el solo hecho de pensar en ellos, al medir el tiempo que se tardaban en trasladarse, se descubrió que caminaban más lento, caminaban como ancianos sin saberlo. Lo mismo pasó con los sujetos que pensaron en palabras relacionadas con ser decididos y otros con ser educados.

Si tratamos bien a alguien porque, por ejemplo, nos agradan (inconscientemente) las personas orientales, esto nos beneficiará obviamente, pero ¿qué pasa con aquellas reacciones que no controlamos al ver a una persona de cabello negro o estatura alta, o cualquier otro prejuicio interno? Seguramente tendrá consecuencias adversas en la reacción de ellos cuando lo noten. Puede jugar a favor o en contra.

### Cómo crear un mensaje subliminal
1. Elija un mensaje (marca, nombre, call to action)
2. Vuélvalo imagen o voz
3. Disminúyalo a una mínima porción respecto de los otros mensajes
4. Enmascárelo o disimúlelo (engaño)
5. Genere una distracción principal
6. Reitérelo
7. Pruébelo y mejórelo

### Auto persuasión
Podemos usar nuestro propio inconsciente para automejorarnos, como lo proponía Émile Coué de Châtaigneraie. Este prestigiado terapeuta pedía repetir 20 veces por varias semanas la siguiente frase: "Todos los días, en todos los aspectos, estoy mejorando y mejorando". Realizar esto puede ser el secreto de la felicidad, así lo prueban gran cantidad de estudios realizados en personas que practicaron esta sencilla disciplina.

Otra forma de persuadirnos para bien es utilizando programación neurolingüística, que por complicada que suene, en realidad es relativamente sencilla su aplicación. No es otra cosa que cambiar los patrones mentales que no nos ayudan por otros que sí nos sirvan, como si fuera un programa de computadora que se remplaza.

Imagine que tiene que interactuar por cualquier razón, con alguien que no es agradable o en una situación atemorizante, vergonzosa o de cualquier otra índole que pueda parecerle incomoda. Piense a esa persona (también aplica para grupos) y colóquela en una imagen de televisión tal y como la recuerda pero en blanco y negro. Ahora, literalmente alucine que le cambia lo siguiente a esa imagen:

**Cambios visuales**
- Nariz, ropa y zapatos de payaso.
- Vestido rosa de niña de seis años.
- Pelo de escobeta, despéinelo como quiera.
- Bigote de Pancho Villa, inclusive si es mujer.
- Nariz y lentes de juguete.

**Cambios auditivos**
- Voz de pato Donald.
- Música de fondo de "El chavo del ocho".
- Tartamudo

**Cambios quinestésicos**
Usted se integra a la imagen de televisión y siente como empieza a transformarse y a crecer de tamaño como *Hulk*: sus músculos aumentan de tamaño, su ropa se rompe y empieza a ver la imagen de esta persona cada vez más pequeña. La persona se tambalea cómicamente con el solo hecho de que usted respire fuertemente. Con sus grandes manos toma a la imagen de la persona ya transformada en muchas cosas graciosas y la pone en su palma. Se ve como una pequeña estampa postal con la que ahora puede lidiar. Note cómo ya no tiene miedo o desagrado de acercarse a ella y venderle algo o convencerla de tal o cual cosa; se ha liberado de sus prejuicios esclavistas

Usted es libre de estar dispuesto y tiene el poder de llevar a cabo estos ejercicios, probará el poder de la persuasión subliminal.

*"La mente consciente puede ser comparada con una fuente jugando en el sol y cayendo de nuevo en la gran piscina subterránea del subconsciente en que se apoya".*
Sigmund Freud

INCONSCIENTE

# 14. LEY DEL ANTAGONISMO
## Todos contra él

*"El antagonismo crece en todas partes donde se manifiesta la vida.*
*En la lucha eterna entre el alma individual y el alma social".*
Yoritomo Tashi

**Cuando existe un enemigo, real o imaginario, contra el cual luchar, las voluntades individuales se unen en lo colectivo y se enfocan en un fin común. Estar en contra de algo influye a todos, es inclusive una ley para sobrevivencia de la especie.**

Desde la antigua China el *Yin Yang* representaba el bien y el mal contenidos en un círculo. El *Tao* es el sentido de la vida; todo se mueve en este mundo por esta dualidad: el calor y el frío, el agua y el fuego, el hombre y la mujer. El aparente antagonismo genera energía.

Por esa razón algunos creen que es bueno tener enemigos. Algunos mercadólogos sostienen que las marcas deben tener competencia y que es un error evitarla, ya que las categorías deben volverse más grandes y esto solo se logra con la competencia. ¿Cómo mostrarse como "mejor" si no hay parámetro con qué compararse?

Cuando existe antagonismo: las ideas fluyen, la competencia inicia, la publicidad se nutre. El viento choca con las alas de un avión para hacerlo volar, la gravedad y masa opuesta de los cuerpos celestes hacen que nuestra galaxia y nuestro planeta se trasladen y giren. Así es el universo, antagónico por naturaleza.

Cuando a alguien se le dice que no, se perpetúa el sí que esa persona quiere, y lo mismo sucede al revés. Esta fuerza o ley de los contrarios parecería un impedimento en lugar de una herramienta para persuadir. En realidad es una ley muy poderosa que utiliza la fuerza del otro para hacer lo que uno quiere.

## Sin Diablo no hay Dios, sin Guasón no hay Batman

La película *Unbreakable* protagonizada por Bruce Willis y Samuel L. Jackson explica perfectamente la necesidad del antagónico. David Dunn (Bruce Willis) descubrió el poder de ser "irrompible", y decidió usarlo para hacer el bien. Su antagonista Elijah Price (Samuel L. Jackson) al descubrir este poder en Dunn, se sintió aliviado, ya que él era exactamente lo opuesto, una persona que se rompía todo el tiempo los huesos por una mezcla de osteogénesis imperfecta y mala suerte. Uno bueno, el otro malo. Elijah Price lo comprendía todo: "Ahora que sabemos quién eres Dunn, yo sé quién soy. ¡No soy un error! ¡Todo tiene sentido! En un cómic, ¿sabes cómo se puede saber quién será el villano? Es el opuesto exacto del héroe. Y la mayoría de veces son amigos, ¡como tú y yo!"

Elijah entiende que cada cosa tiene su opuesto, que a veces parece antagónico pero siempre es complementario.

Sin materia, no hay antimateria; sin delincuentes, no hay policías; sin oscuridad, no hay luz.

## Musculosos pesistas

De la resistencia se forman músculos fuertes. Así nacen partidos políticos (PRD contra el PAN) y empresas como Apple en contra de IBM. Una de las mejores técnicas para persuadir a la gente a que le siga, es generar una oposición. No es relevante que sea minoritaria, lo importante es ser otra cosa, un contrapeso, un "no" a un "sí", eso busca el ser humano porque a veces cree que con ello cumple su razón de ser en este "aburrido" mundo; se encuentra sentido a la vida.

Wilhelm Reich en su libro *La psicología de masas del fascismo*, explica cómo el origen de esta corriente política no surge exclusivamente de los factores económicos del momento o de la actividad de los líderes políticos; más bien es la expresión colectiva del ser humano promedio, cuyas principales necesidades biológicas han sido

83

despiadadamente aplastadas por una sociedad autoritaria y sexualmente inhibida. Cualquier forma de misticismo organizado, como los gobiernos autoritarios o la Iglesia, se alimentan de los anhelos de las masas, y estamos obligados a darnos cuenta de su potencial destructivo (37). Los fascistas lo comprendían muy bien, por puro antagonismo convencieron a millones para pelear en una guerra cruel y devastadora.

"Oponte y sé libre" es el grito de un supuesto libertador que resuena en el interior de mucha gente, todos en realidad caemos en este juego en algún momento de nuestra vida, en nuestro afán de mejorar algo que no sabemos qué es. ¿Qué no cada nueva religión nace de oponerse a otra en algo?

## Defensa de una oposición

Podemos pensar ya en alguna forma de persuadir con oposición, pero debemos estar seguros también de cómo defendernos en caso de que alguna contraparte quiera utilizar esta ley en contra nuestra. La mejor forma es no oponerse directamente. Este principio los japoneses lo utilizan en el *Jiujitsu* y en el *Aikido* y los psicólogos lo utilizan en la psicología inversa.

En artes marciales el oponente empuja, jala o golpea en una dirección y utiliza esa misma fuerza para dañar al contrario. Es inútil ofrecer resistencia porque solo se logra mayor coacción de parte del otro, es mejor aprovechar la inercia o fuerza del contrario. En la vida cotidiana, si su hijo le dice que no quiere ir a las clases de natación o que no quiere comer dígale que está bien que no lo haga, finja que no le importa, la inercia, su propia fuerza y necesidad de contrariar lo llevarán a querer ir a su clase o comer.

## No resistir

En el mundo empresarial sucede algo semejante, siempre habrá alguien que debata y niegue solo por molestar. Deje que hable y que se explaye, incluso por un momento, repita lo que él dice de tal forma que note que comprende su punto de vista. Sin embargo, no diga nada contrario que genere más resistencia. En algún momento cederá para decir que puede haber alternativas o llegará el tiempo en que se analice tan minuciosamente el problema desde el punto de vista del otro que él mismo llegará a decir lo contrario. Es un efecto increíble.

Gráficamente lo podemos equiparar a un toro que va a embestir con toda su bravura. Si el torero lo enfrenta, perece entre sus cuernos; si lo deja pasar, queda incólume. Lo mismo ocurre en cualquier enfrentamiento; puedes soportar estoicamente la fuerza del otro o hacerte a un lado y tratar de congeniar para que sea el otro el que finalmente ceda.

## Está en tus manos

Hace casi dos mil años, había en una ciudad dos escuelas de enseñanza, dirigidas por dos sabios de renombre: Hilel y Shamai. El problema era que entre ambas escuelas había un notable antagonismo.

Un día los alumnos de Shamai pensaron en un nuevo modo de desacreditar a los de la otra escuela. El objetivo era humillar al sabio Hilel, así pensaron cazar una mariposa y que uno de ellos la llevara viva en la mano a la casa de Hilel para preguntarle si la mariposa oculta, dentro de las manos, estaba viva o muerta. Si el sabio respondía que estaba viva, entonces el chico apretaría levemente el puño y demostraría que estaba muerta. Si la respuesta era que la mariposa estaba muerta, abriría las manos y la dejaría volar, demostrando así que estaba viva.

El plan parecía perfecto. Cazaron la mariposa y uno de los alumnos de Shamai la tomó en sus manos, se acercaron a la casa de Hilel, golpearon a su puerta y el sabio les preguntó: "¿Qué los trae por aquí?". Los alumnos respondieron: "Queremos saber qué tan sabio es usted". Hilel les dijo: "¿Y cómo lo van a comprobar?". "Le haremos una pregunta". "Adelante", contestó el sabio. "Esta mariposa que tengo en mis manos, ¿está viva o muerta?". Hilel les miró despacio, adivinó el truco, y respondió: "La decisión está en tus manos" (38).

Sin antagonista no hay lucha. Opóngase a algo y gane un espacio en la mente de personas que querrán adherirse a su causa, llámelo simple insatisfacción del ego o auténtica convicción. Protéjase de esta ley dejando que la fuerza pase y se aplaste a sí misma, sin esfuerzo ni resistencia que pueda hacer crecer el músculo de su opositor.

*PB: "¿Por qué le gusta llevar siempre la contraria?"*
*RB: "Yo nunca llevo la contraria".*
Revista Playboy entrevistando a Roberto Bolaño

ANTAGONISMO

# 15. LEY DEL PRECEDENTE
## Le creo porque ya ha pasado

*"Un precedente embalsama un principio".*
Benjamín Disraeli

**Cuando hubo algo anteriormente que se creyó que funcionó o existió, se percibirá como muy posible que vuelva a suceder.**

Solo con la certeza de que algo ocurrió se pueden crear nuevas leyes e incluso perpetuar ideas inverosímiles y también injusticias. Con la justificación "pues así siempre lo hemos hecho" se establecen procesos laborales, conductas sociales, prácticas políticas e incluso erratas. El pasado valida horrores: "matemos a las brujas", "las mujeres no deben de votar", "si es de otra raza, no tiene los mismos derechos".

En la vida diaria también podemos constatar el poder convincente de establecer un precedente. Es una forma muy sencilla de persuadir a alguien y puede utilizarla tanto para convencer a su jefe de que algo funciona: "esto ya lo hizo una empresa inglesa hace tres años y le fue muy bien", o para convencer a los hijos de que algo es peligroso: "no lo hagas, ya viste lo que le pasó a tu prima".

### El precedente es ley
El derecho anglosajón está basado en gran parte por las decisiones tomadas en el pasado, por precedentes de casos que puedan ser aplicables nuevamente. Las decisiones e investigaciones ya fueron hechas antes y eso justifica que por ello no es necesario volver a realizarlas en casos similares. En el derecho común (*common law*) tiene el mismo peso el precedente, que la ley estatutaria (estatutos y códigos) y la regulatoria (regulaciones de agencias ejecutivas). El precedente es literalmente ley.

*Stare decisis* es una locución latina, que se traduce como "mantenerse con las cosas decididas", utilizada en derecho para referirse a la doctrina, según la cual las sentencias dictadas por un tribunal crean precedente judicial y vinculan como jurisprudencia a aquellas que, sobre el mismo objeto, se dicten en el futuro. Esta locución más breve proviene de una más extensa que dice: *Stare decisis et non quieta movere.* Es una máxima general que cuando un punto se ha resuelto mediante una decisión, forma un precedente que no podrá dejar de aplicarse salvo que otras circunstancia modifiquen el *statu quo*, y obliga a tener que argumentar sólidamente el cambio que se desea adoptar (39).

### Ley de vida
Las decisiones de la humanidad se basan mayormente en el precedente. Cientos de años vivimos creyendo como verdad absoluta lo que dijo un tal Avicena en medicina, o un tal Tolomeo en astronomía, y vivimos bajo el supuesto de que "así se hacía" o "así se dijo" y "funcionó antes, muchas veces", y por ello se tomaba como un hecho. Es la búsqueda de lo confortable lo que lleva a aprender y actuar partiendo de lo que pasó antes, y el saber de esa necesidad de comodidad es en realidad un poder para el que lo quiera utilizar a su favor.

De esta forma comemos algo porque de niños nos dijeron que era sano, o compramos un auto porque el de hace cinco años nos salió bueno. Si usted está buscando trabajo, el que lo contraten dependerá prácticamente de sus precedentes.

### Yo soy Saint Germain
Saint Germain es el nombre de un místico que es recordado como un inmortal, sabio y seductor que en toda época sorprende por sus facultades intelectuales y psíquicas. Se cuenta que un día llegó un hombre forastero a Milán haciéndose llamar Saint Germain, que si bien denotaba ser adinerado por su forma de vestir, nadie lo conocía y no se tenía referencia de él como para tener entrada en el círculo social de élite.

Había vendimia en la Via Dante. En una tarde soleada y de aire fresco, Saint Germain salió a pasear con su capa negra de forro morado. Era domingo y la gente de sociedad lo veía de reojo, pero él caminaba inmutable como si nada de esto le fuera inusual o una novedad. Un niño pobre se le acercó y SG le dio una moneda de oro. El niño salió corriendo con alaridos de felicidad: "¡Es oro, es oro, es un milagro!" La gente volteaba con cierto morbo para ver de qué se trataba el escándalo. SG siguió caminando, se acercó a un puesto donde vendían figurillas religiosas y le pidió al vendedor que se acercara. Le dijo algo al oído y el vendedor salió corriendo disparado. Pasaron tres minutos y regresó jadeante y sudado, y le entregó a SG una caja de ébano muy fina - "¿Qué contendrá?" - se preguntaba la elegante comunidad. SG extendió la mano y todos pensaron que si al niño le pagó una moneda de oro, por tal producto daría una bolsa llena. Pero SG extendió la mano para darle una carta. El vendedor se hincó y le beso la mano: "Señor Saint Germain, es usted un santo." Y se soltó a llorar. SG siguió caminando y la gente ya no disimulaba. Estaba completamente parada y cuchicheando en la calle viendo como aquel hombre avanzaba inmutable y con una expresión tranquila cargando una caja de ébano.

Mientras se acercaba a la Plaza del Duomo una bella mujer acompañada por su madre observaban telas de seda. SG se acercó a ellas, pronunció unas cuantas palabras y entregó la caja a la hija. La tomó con felicidad, la pasó a su sirviente y abrazó a aquel aparente desconocido (todo un atrevimiento para la época). La madre de la mujer no podía contener las lágrimas de felicidad mientras gritaba emocionada: "Es usted el más bello de todos los seres en esta tierra." SG galantemente se despidió y siguió su camino. Encontró a un enfermo que se arrastraba mendigando e intercambiaron algunas palabras. Todos los chismosos predecían un fabuloso acto altruista, pero SG tomó su bastón y golpeó violentamente a aquel mendigo quien no tuvo otra opción más que levantarse de su falsa posición y correr. La gente cuchicheaba: "Qué inteligente hombre, supo detectar a un farsante."

El rumor que se generó en unos cuantos minutos fue tan veloz que recorrió varios metros hasta llegar al obispo que estaba por oficiar misa en la Catedral del Duomo. Su consejero de confianza dijo: "Su Excelencia, se acerca un rico y justo hombre… piadoso con el pobre, galante con las damas y astuto con el malandrín, se dice que es inmortal." "¡No lo dejes ir, hazlo pasar, lo quiero conocer!" contestó el obispo. Mientras SG continuaba su camino, al entrar a la Plaza del Duomo, se abrieron las puertas de la catedral, resonaron las campanas y el mensajero guio a SG hacia el obispo quien esperaba en el pórtico sonriente para recibir ahora a este huésped especial de la élite de Milán. La gente supuso que era verdaderamente sobrehumano e importante, pensaron que quizás eran privilegiados por haber visto a un santo llamado Saint Germain.

Historia verdadera: el niño que gritó "milagro", era su hijo abandonado y no reconocido. La caja entregada por el vendedor, era la ceniza del odiado y rico marido de la bella mujer que abrazó a SG (su amante en Florencia), y que fue asesinado por el vendedor a cambio de no quitarle sus propiedades con trucos (en el sobre que entregó SG estaban sus escrituras.) El pordiosero era un espía enemigo testigo del asesinato. Y el supuesto santo, no era el original Saint Germain, usaba ese nombre y todos sus actos para generar precedentes y entrar como gran defraudador en las altas esferas de la época.

Este impostor con el tiempo fue encarcelado, torturado y decapitado: sus verdaderos precedentes fueron descubiertos.

*"El día precedente enseña al día que sigue".*
Píndaro

# 16. LEY DE LO ESCRITO
## Aquí dice y es palabra de Dios

*"Si uno abandona la palabra escrita, ¿por qué otro medio podría llevar a cabo la tarea del Buda?"*
Gosho Zenshu

**Lo que se dice por escrito es más fuerte que lo que se dice sin que quede registro.**

Le preguntaron al escritor estadounidense Saul Bellow cómo se sentía después de ganar, en 1976, el Premio Nobel de Literatura. "No lo sé, aún no he escrito sobre eso".

Le atribuimos un gran poder a lo escrito. Así, cuando usted va a una tienda y ve un precio, no se atreve a regatear, porque su mente entiende que lo que está escrito es "ley". No sucede así con los productos que no tiene el precio escrito, como en un mercado o en la calle.

La mente está acostumbrada a obedecer lo que está escrito y se da por cierto sin ser cuestionado. Si va caminando y ve una cinta que cerca un área y dice: "No pase", no se pregunta por qué, simplemente no pasa. Si lee en alguna revista que algún conductor de televisión es violento con su esposa, lo da por hecho. Si lee una estadística que muestra los logros positivos o negativos de una empresa, es probable que lo crea en primera instancia, porque lo dice tal o cual periódico.

### Curas y policías
Las religiones también ejercen una poderosa influencia por el hecho de que "el libro lo dice" y "está escrito". Existen pocas religiones que sobrevivan al tiempo y las costumbres que no tengan un libro

como referencia. Todas las religiones influyentes actualmente tienen un texto sagrado. Sin ese texto no hay ley divina ni es posible la propagación de esa palabra.

Inclusive los policías de tránsito se basan en reglamentos para infraccionar: "Aquí dice, joven, que su auto debe ser remolcado." A usted no le queda más que aceptar lo que está escrito, aunque quizás sea un documento escrito por el mismo. Igualmente en una negociación, si se escriben ciertos acuerdos, aun sin ser nada oficial, pero que fueron previamente aceptados por la otra parte, puede alguien referirse a ellos en cualquier momento para orillarlos a aceptar y junto con la ley de la consistencia, persuadirlos a adoptar una conducta o acción determinada.

En mercadotecnia, algunos dicen que lo que distingue a las marcas no es el producto en sí mismo, sino el nombre. El nombre es lo que está en la mente del consumidor. Se tienen estudios sobre los signos, significantes y significados que se pueden resumir en esto: el nombre es lo que la mente usa para distinguir entre objetos, personas, gustos, sentimientos y todo lo que pasa por la vida del ser humano. De ahí el poder de lo escrito, "el nombre perpetuado". Es lo indeleble, lo innegable. Así, en una discusión, una persona que habla y tiene la razón, no cuenta con ninguna oportunidad ante nadie. Los argumentos salidos de fuentes escritas, ante los ojos de los demás, son mucho más convincentes.

Incluso, la utilización de la tradición escrita en terapia psicológica ayuda a crear un contexto para el surgimiento de nuevos descubrimientos y posibilidades hacia el cambio. Después de todo, como escribió Mario Vargas Llosa: "La escritura es la forma más racional de exorcizar los demonios interiores".

## Abogados: padres de la persuasión

A lo largo de este libro he expuesto varios resultados de experimentos de psicología social. La realidad es que ni los psicólogos ni los mercadólogos tienen tanta experiencia histórica como los abogados en el tema de la persuasión. Ellos son los padres de este arte y pueden ofrecer excelentes consejos. Sobre la escritura esto es lo que nos dicen:

## Los argumentos escritos persuaden a los jueces
El prestigiado abogado Andrew Goodman, asegura que la persuasión por escrito ahora ofrece una herramienta esencial que permite vencer a su oponente sin necesidad de abrir la boca. La persuasión por escrito ofrece una oportunidad única, que no debe desperdiciarse. (40)

## El estilo de escritura ciertamente influye
En primer lugar, si usted no escribe con claridad, entonces el público no entenderá la lógica de su argumento.

En segundo lugar, el estilo de escritura afecta las emociones del lector. La prosa bien escrita hace a los lectores felices; un documento mal escrito obliga al lector a luchar para entender el documento.

En tercer lugar, escribir bien y la eliminación de lo que a veces llamamos errores triviales o "de dedo" aumenta su credibilidad.

## Buenas maneras
Para mostrar buena voluntad y buen carácter moral, es bueno escribir con educación. Evite siempre el desprecio, el insulto, el sarcasmo y el lenguaje ofensivo.

## Evite algunas palabras enfáticas
Para evidenciar la credibilidad y el buen carácter, evite palabras como "clara" y "evidente" ya que debilitan el argumento más que fortalecerlo y si se usan para destacar la evidencia de algo, entonces están insultando la inteligencia del juez. Es como preguntar después de explicar algo en una conversación: "¿me entiendes?

Aún más importante, si por error a una idea compleja o ambigua la llama "clara" y "evidente", entonces usted pierde credibilidad.

Usted necesita más habilidad e inteligencia para subestimar que para sobrestimar. No subestime al que quiera convencer, más bien minimice sus propios calificativos sin disminuir el discurso, haga implícita la acusación evitando la típica sobrestimación.

Por ejemplo, no cambie "tres" por "muchos"; "perro", por "bestia feroz"; "funcionarios de la empresa", por "magnates asalariados". También evite las palabras "muy" y "mucho". Parece una paradoja, pero borrar intensificadores fortalece su escritura. Use bien sus metáforas, no las desperdicie en agresiones intensificadas (41).

*"Las palabras se las lleva el viento".*
Anónimo

LO ESCRITO

# 17. LEY DE LA FE
# Crea en mí y le daré
# un propósito

*"Un buen líder es un vendedor de esperanza".*
Napoleón Bonaparte

**La gente accede a mucho por fe. Puede hacer que la gente lo siga y obedezca si logra proyectar una esperanza en algo sublime.**

El papa Juan Pablo II, en una sala del Vaticano, recibió a una de las más importantes autoridades religiosas del judaísmo, el gran rabino del Estado de Israel, Meir Lau.

El religioso judío narró al Sumo Pontífice un hecho que sucedió varias décadas atrás en una ciudad europea. Le contó que terminada la Segunda Guerra Mundial, una señora católica se dirigió al párroco de su pueblo para hacerle una consulta. Ella tenía a su cuidado, desde los días de la guerra, a un pequeño niño judío que le habían encomendado, pues sus padres fueron enviados a un campo de concentración. Los padres del niño habían previsto para él un futuro en la tierra de Israel. La señora se encontraba ante una encrucijada y pedía al sacerdote católico un consejo.

El párroco tuvo una pronta y comprensiva respuesta: "Se debe respetar la voluntad de los padres". El niño fue enviado al entonces naciente Estado de Israel, donde se crio y educó. La anécdota resultó muy interesante para Karol Wojtyla, y pasó a ser más conmovedora aún, cuando el gran rabino le aclaró la identidad de aquellas personas: "Usted, Eminencia, era ese párroco católico. Y ese niño huérfano... era yo".

Las personas hacen muchas cosas porque tienen esperanza en que algo o alguien cumplirá sus deseos. Los líderes logran que la gente los siga porque esperan que ellos sean el medio para sublimarse. La apuesta de Pascal (también conocida como gambito de Pascal) es una sugerencia planteada por este filósofo sobre la existencia de Dios, misma que no puede ser determinada por la razón. Una persona debe apostar por la existencia de Dios y vivir la vida en consecuencia; tiene todo para ganar y nada que perder. De igual forma que un niño apuesta que su padre siempre tiene razón, así la figura pasa degradándose de Dios a padre, de padre a líder, de líder a jefe. En todas esas figuras la fe puede existir y ser la energía que conduce a las personas a actuar siguiendo las disposiciones de alguien.

## Los aspectos de la fe

En toda actividad humana colaborativa, existe una mística; una creencia ulterior que no es tan evidente. Esta creencia puede ser elevada a grado de fe cuando cumple con ciertos aspectos:

### Conocimiento

La fe comienza con el conocimiento de qué es lo que debe ser creído. Por ejemplo, algunas personas saben que el evangelio de Cristo se refiere a su muerte, sepultura y resurrección, o que el Corán fue recitado a Mahoma como mensaje de Dios a la humanidad, o que Steve Jobs (válgase la comparación en sentido empresarial) cambiaría al mundo con *Apple;* saben esas afirmaciones, es un conocimiento y es el primer paso. Pero empiezan conociendo esto sin creer que sea verdad, para ello necesitan de aserción.

### Aserción

El conocimiento no es suficiente. La persona también debe creer que el objeto de la fe es verdad. Para llegar a este nivel de fe, la persona no solo debe saber lo que es el evangelio, el Corán o la misión de *Apple* (conocimiento), sino creer que es verdad. A eso se le llama aserción. Pero esto todavía no es suficiente para la salvación o para cambiar al mundo, se necesita confiar.

## Confianza

La confianza se refiere a un compromiso personal y es un objeto de la fe. Se puede saber y creer pero todavía no es fe hasta que se confía.

Digamos que usted está visitando la casa de alguien y le pide que se siente. Usted primero revisará y reconocerá que efectivamente hay una silla. Este es el conocimiento. En segundo lugar, usted conoce lo que significa la palabra y el concepto de silla, acepta el hecho de que se puede sentar en la que le ofrecen y que lo sostendrá. Esto es aserción. Por último, usted camina hacia la silla y se sienta en ella. Esa es la confianza (42). Ahora está listo para probar que tiene fe.

## Prueba

La fe es puesta a prueba; ayuno, diezmo, construir un arca, trabajar por días sin dormir para Steve Jobs. Habrá pruebas que deberá pasar. Solo "haciendo" se cumple la fe.

### Vive feliz

De acuerdo con Sonya Lyubomirsky, autora de *The How of Happiness*, un manual con bases científicas para cultivar las condiciones que pueden ayudarnos a alcanzar la felicidad, un creciente número de estudios sugieren que las personas creyentes son más felices, saludables y se reponen más rápidamente de los traumas, que aquellas que no lo son (43).

Se ha demostrado científicamente el poder motivacional de la fe, sea esto efecto placebo o realmente una manifestación metafísica de practicarla. Quizás muchos piensan ser agnósticos o ateos y piensan que la fe no es para ellos, pero cada vez que escucho a alguien decir: "Yo no creo en nada de eso, Dios no existe", observo que la persona desahoga esa necesidad de fe en alguna ideología como el socialismo, o en algún personaje mesiánico como lo sería el político mexicano Andrés Manuel López Obrador.

98

Las mejores manifestaciones de fe las he visto en estas personas que dicen no "creer en nada"; casi siempre son fanáticos de algo, ¡algunos hasta llegan a decir que el futbol es su religión! Otros llevan a cabo su trabajo de forma religiosa con todo y ritos incluidos. Los más evolucionados dicen tener fe en sí mismos, o en la humanidad y el "superhombre" como lo llamó Nietzsche. Los más dañinos pueden tener fe en la superioridad racial como los nazis o en que son un pueblo escogido para ser policías del mundo con un destino manifiesto.

La fe es necesaria en el ser humano y tiene muchas manifestaciones. Esta ley de la persuasión es la más poderosa de todas, quienes la saben controlar dominan al mundo.

## Cómo se genera la fe

Contestar esta pregunta puede parecer difícil, pero no lo es. Es un proceso y como tal tiene un tiempo de gestación. Es fácil definir cómo se genera, lo difícil es llevarlo a cabo. La fisión nuclear es la división de un núcleo pesado y así funcionan las bombas nucleares. ¡Qué fácil! Ahora hágalo.

Las partes que conforman la generación de fe son las siguientes:

### Breve idea trascendente

"Salva tu alma". "Obtén libertad". "Cambia el mundo". "Detén el abuso". Los humanos queremos trascender y minimizar el dolor. Queremos no morir y no sufrir. La idea debe ser más grande que el mundo mismo. Debe parecer imposible

### Fuente mística

Jesús, Jobs, Mahoma, Moisés, Hitler, Gandhi, Buda y los héroes de cada país son canales que participan en comunicar la idea trascendente. La idea por sí misma no se siembra en el inconsciente, debe tener una imagen mental disponible. Un personaje que camine en los valles de nuestros deseos ocultos. El decir "místico" no necesariamente se refiere a sobrenatural o supersticioso, puede ser algo tan racional como el socialismo y el ideólogo principal es visto como un santo iluminado (Marx) y sus evangelistas conservados como reliquias sagradas (Lenin).

## *Medios*

Alguien debe comunicarlo de alguna forma, sea un texto, imagen o por medio de la voz, el mensaje debe ser dado a conocer. En un principio fue de manera oral, hoy es de todas las formas posibles. Las iglesias han diversificado la difusión de sus mensajes, los empresarios y activistas han incursionado en lo inimaginable. Todo se vale mientras sea congruente con la idea trascedente: misas televisadas, testimonios de milagros, discursos masivos usando estadísticas de resultados milagrosos.

Existe una marca de jugos de mangostán que promete curar prácticamente todo padecimiento. Conozco personas con formación científica que trabajan bajo el esquema de esta empresa piramidal, y creen ciegamente en lo que venden y consumen.

¿A qué se debe esto? Puede tratarse del poder de la llamada "fe ciega", o para los agnósticos es algo más tangible, como la química del cerebro. Tampoco olvidemos el llamado efecto placebo, que ocurre cuando la fe del paciente en una medicina efectúa una curación, a pesar de que esta no sea más que una píldora de azúcar. De cualquier manera, cada día más, muchos en la comunidad científica llegan al convencimiento de que la espiritualidad no está reñida con la ciencia (43).

Desde tiempos inmemoriales, los creyentes y los místicos de todas las religiones y prácticas espirituales han afirmado que la fe es un elemento vital para el bienestar del ser humano, incluyendo, por supuesto, la salud. Ahora, nuevos estudios científicos les dan la razón a los que afirman que, en muchos casos, la fe sí mueve montañas. Al menos, en el campo de la salud. Al mismo tiempo, es importante aclarar que todos los defensores del poder de la fe señalan que esta no es, de manera alguna, un sustituto de la atención médica, sino un elemento adicional que unido al tratamiento adecuado, puede ayudar a tener buena salud. En otras palabras, la fe es una potente aliada de la medicina (43).

Las personas espirituales son más felices, gozan de una salud mental superior, lidian mejor con el estrés, tienen matrimonios más satisfactorios, usan menos drogas y alcohol, son más saludables y viven más que las que no lo son, de acuerdo con K.I. Pargament en el *Journal of Clinical Psychology* (44).

Lo divino puede ser sustituido por un jugo de mangostán o una misión para salvar al mundo y sus ballenas. Lo que subyace es el deseo de creer en algo.

Un estudio llevado a cabo en la Universidad de Texas a lo largo de 17 años, reveló que las personas que no asisten a servicios religiosos tienen un riesgo más alto de morir dentro de un lapso de ocho años, a diferencia de las que asisten una vez a la semana (43). Algunas personas asisten al estadio de futbol y viven experiencias verdaderamente religiosas con manifestaciones físicas idénticas a las de los místicos. Algunos adoran a "santos" políticos que dan la esperanza de un cambio de vida, otros se entregan a un producto que da la esperanza de juventud eterna.

Sonya Lyubomirsky, psicóloga social, ha realizado varios estudios que explican que participar en actividades religiosas disminuye el crimen, la delincuencia y los conflictos matrimoniales. La persona que pertenece a una organización religiosa se siente parte de una comunidad que se brinda apoyo mutuo. Esto promueve la paz mental y ayuda a combatir el estrés, ese gran enemigo de la salud. Lo mismo pasa en Alcohólicos Anónimos, donde sus fundadores Dr. Bob y Bill W., lograron crear un ambiente de soporte que es idéntico al de una religión, sin tener un Dios con nombre. Tener fe, rinde; hacer que la gente tenga fe, rinde más.

*"Tener fe significa no querer saber la verdad".*
Friedrich Nietzsche

# 18. LEY DE LA METÁFORA
## Si digo corazón, entiende amor

*"Erotismo y poesía: el primero es una metáfora de la sexualidad; la segunda, una erotización del lenguaje".*
Octavio Paz

**La realidad es dura y cruel; una idea indirecta (metáfora) es mucho más fácil de asimilar.**

Un anciano de 90 años llega al médico para su chequeo de rutina. El doctor le pregunta: ¿Cómo se siente? El vetusto hombre contesta: ¡Nunca estuve mejor!, mi novia tiene 18 años, ahora está embarazada y vamos a tener un hijo. El doctor piensa por un momento y le cuenta la siguiente historia:

Un cazador que nunca se perdía la temporada de caza, salió un día tan apurado de su hogar, que se confundió tomando el paraguas en vez del rifle. Cuando llegó al bosque, se le apareció un gran oso, el cazador levantó el paraguas, le apuntó al oso y disparó. ¿A que no sabe qué más pasó?
- No sé, responde el anciano.
-Pues el oso cayó muerto frente a él.
-¡Imposible!,- exclama el anciano, alguien más debe haber disparado.
-¡Pues claro hombre, a ese punto quería llegar!
### Bestia o virus
Imagine que su ciudad no es tan segura como antes. Los robos y los asaltos a las casas van en aumento y las tasas de homicidios casi se han duplicado en los últimos tres años. ¿Qué pueden hacer al respecto los funcionarios de la ciudad? ¿Contratar a más policías para acorralar a los delincuentes y encerrarlos en una creciente red de cárceles? ¿O diseñar programas que prometan más paz al revisar

los aspectos económicos y detectar las escuelas de bajo rendimiento?

Su respuesta y el razonamiento detrás de ella pueden depender de la metáfora que se utiliza para describir el problema, según una nueva investigación de los psicólogos de Stanford. El pensamiento puede ser sacudido con una sola palabra (45).

Lera Boroditsky y Paul Thibodeau han demostrado que las personas probablemente apoyen un aumento en la fuerza policial y el encarcelamiento de los delincuentes si el delito fuera descrito como una "bestia" que se aprovecha de una comunidad. Pero si a la gente se le dice que la delincuencia es un "virus" que puede infectar a la ciudad, las personas son más proclives a tratar el problema mediante una reforma social (46).

Los hallazgos de ambos investigadores tratan de cómo las señales sutiles y figuras comunes del lenguaje pueden enmarcar los enfoques a los problemas difíciles. "Algunas estimaciones sugieren que una de cada veinticinco palabras que nos encontramos son una metáfora", dijo Thibodeau, autor principal del estudio. "Pero no sabíamos hasta qué punto estas metáforas pueden influir en la gente".

"No podemos hablar acerca de cualquier situación compleja, como el crimen, sin el uso de metáforas", dijo Boroditsky, profesor asistente de Psicología. "Las metáforas no solo son utilizadas para el lenguaje florido. Dan forma a la conversación de cosas que estamos tratando de explicar y de entender. Y tienen consecuencias para la determinación de lo que se decide; es el enfoque correcto para resolver los problemas".

En cinco experimentos, los sujetos de prueba fueron invitados a leer párrafos cortos y a responder preguntas sobre las tasas de aumento de la delincuencia en la ciudad ficticia de Addison. Los investigadores evaluaron las respuestas de la gente en relación a cómo el crimen fue descrito, si como una "bestia" o como un "virus".

103

Encontraron que las soluciones de prueba propuestas difieren mucho en función de la metáfora que se expuso. En el estudio, el 71% de los participantes pidieron más refuerzo policiaco cuando leyeron: "El crimen es una bestia asolando la ciudad de Addison". Ese número bajó a 54% entre los participantes que leían la oración con otra metáfora: "El crimen es un virus que asola a la ciudad de Addison".

Los informes que acompañaban estas oraciones contenían datos duros; algunas estadísticas alarmantes que hacían comprender el problema desde un punto de vista "racional". Se mencionaba que en Addison había cerca de diez mil delitos en el 2007 más que en 2004, y el número de asesinatos había pasado de 330 a más de 500 en ese mismo período.

A los 485 participantes en ese estudio se les pidió que destacaran lo que ellos pensaban que era la parte más influyente del informe, solo el 15% identificó la metáfora.

"A la gente le gusta pensar que es objetiva y toma decisiones basadas en números", dijo Boroditsky. "Ellos quieren creer que son lógicos. Pero realmente están siendo zarandeados por las metáforas".

Usted puede encontrar la manera de comunicar su mensaje y encontrar el juego correcto de analogías y metáforas que conducen a las personas a una conclusión favorable o desfavorable sobre lo que usted propone.

### Color, sabor, olor y forma de una metáfora

Para saber con algo de precisión qué metáfora es la adecuada para nuestro objetivo persuasivo, debemos comprender que las palabras tienen color, sabor, olor y forma. Para entender sus características no hay mejor receta que imaginarlas y preguntarnos:

*¿Qué color tiene la palabra bestia?*
Es roja o café.

*¿A qué sabe?*
A carne.
*¿Cómo huele?*
Parecido a un animal.
*¿Qué forma tiene?*
De un ser monstruoso ser con dientes filosos.
*¿Qué color tiene la palabra virus?*
Amarillo pálido.
*¿A qué sabe?*
A medicina o agrio.
*¿Cómo huele?*
A queso o a enfermo
*¿Qué forma tiene?*
Dispersa en muchos puntitos.

Con este análisis previo de palabras en el ejemplo de delincuentes, no es de extrañarse que para una "bestia" el uso de la fuerza policiaca se piense necesario, y mejorar el tejido social cuando de un "virus" se hable.

**Convencer con historias: la metáfora en un cuento**
Sería impráctico traer a colación algún complejo estudio sociológico que pruebe que el contar una historia influye mucho más a un público que poner dispositivas o presentar estadísticas y datos duros. La industria entera del entretenimiento está hecha de historias y música que contienen representaciones metafóricas, cuentos, símiles, analogías que nos convencen para pagar una buena cantidad de dinero a sus creadores y productores. Esta industria es tan antigua como el hombre. Las historias se cuentan no solo por actores que entretienen, sino por religiones que moralizan.

**Qué debe contener una historia**
Si alguien sabe de enseñanza y del arte de narrar, es el presidente de *Mandalay Entertainment*, Peter Guber. Su negocio es contar historias. A lo largo de su carrera ha producido algunas de las películas más conocidas: *Rain Man, Flash dance, Batman, El color púrpura*, y muchas más. También ha dirigido *Sony Pictures, PolyGram y Columbia Pictures.*

105

Guber dice que cuenta historias todos los días. Pero ha descubierto a lo largo de su vida que el componente que hace persuasiva a una historia es la magia: MAGIC por sus siglas en inglés.

### M = Motivación
Entregar todo y ser consistente: "Si quieres que alguien haga algo, debes ser congruente, tus pies, tu corazón, tu cartera y tu lengua tienen que moverse en la misma dirección. En cuanto vean que algo va en otro sentido, no parecerás auténtico. La autenticidad debe destacar".

### A = Audiencia
Pensar y sentir como el que nos va a escuchar: "¿Conectarán emocionalmente contigo? y la información codificada en tu presentación, ¿tendrá repercusión?, ¿estará contenida en esa experiencia emocional?, ¿lo recordarán?, ¿será procesable?".

### G = Goal (meta)
Debemos saber qué es lo que queremos: "Los objetivos son muy importantes y es necesario tenerlos muy presentes".

### I = Interacción
Hagamos que los demás participen, que sea la experiencia que ellos vivieron no la nuestra: "Frank Sinatra era una bestia, un chico duro. Pero se subía al escenario… entonces elegía a una mujer y empezaba a cantar para ella. Y luego, en el tercer acto de su espectáculo la subía al escenario y le hacía cantar una canción con él."

### C = Contenidos
El material para las historias puede proceder de cualquier sitio: "De tus propias experiencias, observaciones, historias, artefactos, metáforas o analogías, recopila historias, almacénalas e incorpóralas a tu liderazgo empresarial".

Cuando le decimos a nuestros amigos dónde comer o qué película ver, estamos transmitiendo nuestra experiencia emocional a otro.

Cuando cuente historias o exponga metáforas, sepa que son el transporte emocional de lo que usted desea comunicar; siempre recuerde que ser auténtico de fondo, es vital para convencer.

*"En la vida, todo es una metáfora".*
Haruki Murakami

# 19. LEY DE LA SORPRESA
## ¡Qué detalle!, no me lo esperaba

*"La irregularidad, es decir, lo inesperado, la sorpresa o el estupor son elementos esenciales y característicos de la belleza".*
Charles Baudelaire

**Lo que no se espera y es agradable, convence.**

En uno de sus cuadernos de notas, Antón Chéjov registró esta anécdota: "Un hombre, en Montecarlo, va al casino, gana un millón, vuelve a casa, se suicida".

Un cuento siempre narra dos historias (47) y la sorpresa reúne a ambas.

Si bien es cierto que existen personas a quienes no les gustan las sorpresas (sobre todo las bromas); lo cierto es que a todos nos agrada que nos sorprendan, en el restaurante, en el cine, con un chiste… Existe una definición de risa que dice: "Espasmos causados por un hecho inesperado que resulta tan ridículo como sorprendente". Algunas sorpresas dan risa, ¿y qué es más agradable que reír? Si usted cocina, sorprenda a su comensal con un platillo no esperado pero favorito. Si atiende una tienda o comercio, regale un detalle agradable a sus clientes. Si presta cualquier servicio, supere expectativas, sorprenda y verá el poder que esto genera; es tan persuasivo que acabarán pagando más solo por el hecho de haber sido sorprendidos. A la inversa también funciona: en la guerra, el conocido "factor sorpresa" puede terminar con la moral del ejército enemigo, puede hacer ganar a un ejército pequeño enfrentado a uno cinco veces más grande. Inclusive los ladrones lo usan la mayoría de las veces, y "persuaden" a sus víctimas de darles el dinero aun sin siquiera usar la violencia. Lleve la mente a un sitio desconocido y se quedará inerme ante los deseos del que sorprende.

**Flanqueo**
Los movimientos de flanqueo más exitosos son los totalmente inesperados. Cuando mayor es la sorpresa, más tiempo le lleva al líder reaccionar y tratar de recuperarse. La sorpresa también suele desmoralizar a la competencia. Desafortunadamente, muchas veces los ataques por los flancos se ven minimizados en su efectividad con "pruebas" y con el exceso de investigación que solo hacen que la competencia descubra la estrategia.

**Sorpresa es mejor que experiencia**
Las hermanas estadounidenses Laura y Kate Mulleavy manejan el factor sorpresa muy bien.

Ninguna de las dos estudió moda ni diseño. Ambas asistieron a la Universidad de California en Berkley. Ahí, Kate estudió Historia del Arte y Laura, Literatura. Su primera incursión en la moda fue la disección de un vestido de Chanel mediante la cual aprendieron cómo se construye una pieza de vestir.

En el 2005 presentaron su primera colección con su propia firma *Rodarte* en el *New York Fashion Week* , en donde ganaron el apoyo de los compradores de moda de tiendas como *Barneys, Bergdorf and Goodman, Nordstrom y Neiman Marcus.*

En 2009, tan solo cuatro años después de haber presentado su primera colección, fueron galardonadas con el reconocimiento al diseñador del año por el *Council of Fashion Designers of America.* Asimismo el *Art's Costume Institute del Metropolitan Museum* adquirió uno de sus vestidos como pieza de referencia para sus colecciones permanentes.

En el mismo año, la cadena de tiendas *Target,* se acercó a ellas para realizar una colaboración con sus diseños que se agotó en un par de días al salir a la venta. Recientemente crearon parte del vestuario de la película *Black Swan* por lo que recibieron varias nominaciones en

2011 (48). El éxito de Rodarte (la empresa de estas dos chicas) se debe en mucho a la sorpresa: ¿Qué pasa cuando alguien que se encuentra fuera de la caja de la normalidad, diseña algo completamente nuevo? ¿Qué pasa cuando un "no-experto" propone algo completamente novedoso?

Lo dicho: lo que no se espera y es agradable, funciona muy bien para influir en los demás.

**Tiene toda mi atención**
La respuesta fisiológica de la sorpresa tiene su origen en el sobresalto. La función principal de la sorpresa o la respuesta de sobresalto es interrumpir una acción en curso y reorientar la atención sobre un nuevo evento posiblemente significativo. Hay una redirección automática de foco a los nuevos estímulos y, por un breve momento, esto provoca tensión en los músculos, especialmente los del cuello, y mucha atención. Los estudios demuestran que la respuesta, a un ruido fuerte por ejemplo, es muy rápida. El pleno reflejo de sobresalto se produce en menos de dos décimas de segundo (49).

Imagine al hombre ancestral, aquel semianimal cuyos sobresaltos ante los relámpagos, ruidos de animales, aromas fuertes y sabores pungentes, le permitían sobrevivir y discernir de forma instantánea lo bueno de lo malo.

Ese sentido prevalece ya no solo como sensor fundamental de sobrevivencia, sino de convivencia. El humano presta toda la atención a algo que lo sorprende en Internet, en el radio, o platicando.

Las mujeres saben el arte de la sorpresa sutil, el equilibrio entre lo que llama la atención lo suficiente y lo decente. El publicista grita o susurra, según se requiera, para llamar la atención de su público. El vendedor se vuelve mago para sorprender con precios bajos o con cualquier diferenciador que impresione a su prospecto. La danza de la sorpresa trata de dominar hoy nuestro mundo sobresaturado de información y contaminación visual. Lo bueno es que no necesariamente lo fuerte o estridente sobresale; lo calmado o lo bello suele funcionar bien para sorprender.

## Lo que sorprende, vende

Seth Godin en su libro *Purple Cow* decifra con precisión la forma que en mercadotecnia influye el factor sorpresa. ¿Qué haría usted si viera una vaca morada? ¡Seguro le encantaría!

1. Diferencie a sus clientes. Busque el grupo que le resulte más rentable. Investigue el que es más probable que influya a otros clientes. Encuentre la manera de desarrollarlo, publicitarlo o premiarlo. Ignore al resto y atienda a los clientes que escogería si pudiera elegir.

2. Si pudiera elegir un nicho de mercado desatendido para apuntar y dominar, ¿cuál sería? ¿Por qué no lanzar otro producto para competir con el propio?

3. Forme dos equipos: los inventores y los ordeñadores. Póngalos en edificios separados. Celebre una ceremonia formal al mover un producto de un grupo a otro. Celebre a los dos y rote a las personas de uno a otro lado.

4. ¿Tiene correos electrónicos del 20% de sus clientes que ama lo que usted hace? Si no, comience la lista. Si la tiene, ¿qué se podrá hacer por ellos que fuera súper especial?

5. Ser notable se trata necesariamente de hacer grandes inversiones. Puede ser la manera de contestar el teléfono, lanzar una nueva marca o mejorar un precio. Adquirir el hábito de hacer lo "inseguro" cada vez que tenga oportunidad, es la mejor manera de cerciorarse de lo que funciona y lo que no.

6. Explore los límites. ¿Qué pasa si usted es el más barato, el más rápido, el más lento, el más caliente, el más frío, el más fácil, el más eficiente, el más fuerte, el más odiado, el imitador, el forastero, el más duro, el más antiguo, el más nuevo? Si hay un límite, usted debería probarlo.

7. Piense en pequeño. Un vestigio del complejo de "televisionitis" de las últimas décadas, es la necesidad de pensar en masa: "Si no le gusta a todo el mundo, no vale la pena." Esa mentalidad es obsoleta. Piense en el mercado más pequeño imaginable y describa un producto que lo abrume por ser extraordinario para él. De ahí empiece.

8. Encuentre cosas que son las típicas "eso no se hace" en su industria o sector, y hágalas. Por ejemplo, JetBlue Airways casi instituyó un código de vestimenta para sus pasajeros. La compañía todavía está jugando con la idea de dar un billete de avión gratis a la persona mejor vestida en el avión. Un cirujano plástico puede ofrecer certificados de regalo. Un editor de libros podría poner a la venta un libro por tiempo limitado. Una tienda de productos de granja, *Stew Leonard*, sacó las fresas de las pequeñas "jaulitas" de plástico verde y dejó que los clientes las eligieran sueltas. Las ventas se duplicaron.

9. Pregunte: "¿Por qué no?". Casi todo lo que no hacemos no tiene una buena razón para ser así. Casi todo lo que no hago es el resultado del miedo o de la inercia o la falta histórica de alguien que preguntaba: "¿Por qué no?".

10. ¿Qué pasaría si usted simplemente dice la verdad dentro de su empresa y para sus clientes? (50).

*"Yo no me encuentro a mí mismo donde me busco. Me encuentro por sorpresa cuando menos lo espero".*
Barón De Montesquieu

# 20. LEY DEL ELOGIO
## ¡Qué inteligente es usted!

*"El problema con la mayoría de nosotros es que preferimos ser arruinados por los elogios que salvados por las críticas".*
Norman Vincent Peale

**Todos somos vulnerables al halago, es difícil resistirse.**

A la caída del general Rafael Reyes, el doctor José Vicente Concha definió la lisonja y la traición de los cortesanos así: "Para apreciar la conducta de cualquier hombre público, hay que tener en cuenta la atmósfera en que vive, el aire que lo rodea. Y al general Reyes, por móviles interesados, por motivos innobles, se le rodeó de una nube de embustera adulación, de una constelación de mentiras y engaños, y se le cerraron los oídos con muchas manos, y se le cubrieron los ojos con muchas vendas. Y cuando así, ciego, sordo, embriagado de lisonja, fue paso a paso al abismo y cayó en su fondo, los lazarillos que allí le llevaron se retiran fingiéndose pasmados, y se escandalizan y truenan en insultos contra su ídolo de ayer".

Todos somos vulnerables al elogio, es prácticamente inevitable sucumbir a este poder. Aunque un elogio hipócrita es deleznable y persuasivo, un reconocimiento sincero suele generar gran atracción a quien lo otorga. Así, se han realizado diferentes estudios que muestran el poder del elogio.

### Consejo de administración y elogios
Las formas para llegar a ser parte del consejo de administración de una empresa por supuesto que son muy variadas y muchas tienen que ver con la capacidad y habilidades de la persona que lo desea, pero muchas otras tienen que ver con la astucia de saberse vender con argucias.

Un reciente estudio del Kellogg School of Management de extenso título llamado *Stealthy Footsteps to the Boardroom: Executives' Backgrounds, Sophisticated Interpersonal Influence Behavior and Board Appointments* (*Pasos furtivos a la junta directiva: origen de los ejecutivos, comportamiento sofisticado de influencia interpersonal y puestos en la junta*) muestra que los ejecutivos utilizan, frecuente y exitosamente, técnicas sutiles pero sofisticadas de adulación para conseguir puestos en las juntas directivas (consejos de administración) de las empresas.

Ithai Stern y Jest Westphal, enumeran en su estudio siete tácticas efectivas que utilizan los ejecutivos a la hora de buscar una posición en las juntas directivas. Se basaron en un análisis realizado a partir de investigaciones sobre la atracción interpersonal y de entrevistas hechas a 42 directores ejecutivos de grandes empresas industriales y de servicios de Estados Unidos.

Stern, comenta que: "Investigaciones pasadas demuestran los efectos de lo que pasa cuando los líderes corporativos hacen uso de tácticas de adulación y persuasión. Sin embargo, nuestro estudio es el primero en mirar la efectividad de tácticas específicas a la hora de aumentar las posibilidades de obtener puestos en las juntas directivas de otras organizaciones, así como qué tipo de ejecutivos tienen más probabilidades de poner en práctica estas tácticas efectivamente".

Las siete formas de acercarse a las juntas directivas mencionadas en el estudio son:

1. Enmascarar el elogio como si se necesitara un consejo. Hacer una pregunta buscando un consejo para halagar al otro. Por ejemplo: "¿cómo lograste cerrar ese trato tan exitosamente?

2. Deliberar o discutir antes de mostrarse de acuerdo. En vez de hacerlo inmediatamente, la persona da algún argumento previo a la aceptación de la opinión de su directivo. Por ejemplo: "Al principio no entendía tu punto de vista pero ahora le veo todo el sentido. Me convenciste".

3. Hablar bien del directivo a sus amigos. Elogiar a su directivo frente a sus amigos esperando que esas palabras le lleguen a él/ella.

4. Enmarcar un elogio como algo que pueda ser incómodo. Hacer un comentario muy positivo sobre su directivo, advirtiendo antes que puede ser vergonzoso. Por ejemplo: "No quiero avergonzarte, pero tu presentación fue realmente de primera categoría. Mejor que la mayoría de las que he visto".

5. Mostrarse de acuerdo con los valores antes de halagar o de aceptar una opinión. Expresar valores o una moral similares a las de su directivo. Por ejemplo: "Yo soy igual que tú. Siempre he pensado que se debería aumentar el salario de la gente que está en la base".

6. Estar de acuerdo con opiniones que el directivo le ha manifestado a una tercera persona. Averiguar en secreto algunas de las opiniones de su directivo a través de sus contactos para después manifestar acuerdo con esas opiniones en conversación con él/ella.

7. Hacer referencia a afiliaciones sociales que se tengan en común con el directivo antes de halagar o de mostrarse de acuerdo con opiniones. Mencionar a su directivo alguna afiliación, como alguna organización religiosa o un partido político que compartan los dos. Por ejemplo: "Anoche vi la plataforma del candidato del partido X. Se presentaron unos puntos excelentes".

De acuerdo con el estudio, los directivos que han estado involucrados en política, leyes o ventas, así como aquellos que pertenecen a una clase socioeconómica alta, tienen muchas más probabilidades de utilizar técnicas sofisticadas de adulación, que aquellos que no han estado involucrados en este tipo de actividades. Los autores señalan que esta proclividad es consistente con el hecho de que hay menos altos directivos con experiencia en ingeniería, finanzas o contabilidad, en comparación con aquellos con experiencia en política, leyes o ventas.

Advierten que hay que tener cuidado con este tipo de técnicas: "Para entrar en el más pequeño círculo de la elite corporativa una persona no puede ser demasiado obvia. Ser muy abierto con las intenciones de uno puede ser interpretado como una manipulación o como una acción política. Mientras más disimulada sea la adulación, más sofisticado es el acercamiento y más efectivo el resultado" (51).

## Elogio de lujo

Las marcas de ultralujo enseñan a sus empleados cómo vender artículos en tiempos de crisis. Utilizar el elogio es la estrategia principal, por ejemplo, es regla que se deba halagar el reloj del cliente prospecto aunque sea de la competencia. Jean-Marie Brücker aconseja a los vendedores a decir "valor", en lugar de "precio" y a vender "romance", en vez de "productos".

Utiliza la técnica "macarrón", palabra que proviene del pastelito de merengue francés llamado "macaron" que es en forma de sándwich: "Señor, este reloj (o joya o cualquier artículo de lujo) viene de nuestro mejor taller y tiene un valor de 12 mil dólares. Si lo compra, sus hijos de seguro lo disfrutarán por muchas generaciones". Se juntan dos atributos románticos con el concepto de reloj en medio. Se vende lujo, que en realidad es emoción.

Parte de la técnica es colocar el reloj que lleva el cliente en una charola que tenga otros dos relojes nuevos y esplendorosos. Una forma de contrastar lo que tiene con lo que podría tener.

La culpa por gastar dinero juega un papel importante en la caída de las ventas, por ello los expertos proponen a los vendedores sugerir a los clientes un "regalo de disculpa" para la pareja ausente. También, si la esposa acompaña al marido durante la compra, siempre es recomendable alejarla ofreciéndole un artículo (reloj, bolsa) en un lugar apartado. La razón de hacer esto no es para venderle a ella, es para tenerla ocupada y lejos. De otra forma podrá aburrirse y presionar a su pareja para irse del lugar.

En los casinos es una práctica habitual halagar a los hombres, distraer a sus esposas y mantenerlos en el lugar tanto como sea posible, de manera que sea más probable que gasten mayor cantidad de dinero. El elogio es parte importante de una organización orquestada para vender (52).

## La adulación por sí sola no sirve

Un estudio de la Universidad Estatal de Florida, demuestra que las frases hechas para ventas (*pitches*) crean desconfianza en los clientes. ¿Es esto contrario a lo que se supone debe ser la ley del elogio? Veamos primero el estudio.

El trabajo realizado en conjunto con Darren Dahl, de la Universidad British Columbia y Kelley Main, de la Universidad de Cork, publicados en la revista *Journal Consumer Psychology*, trata de determinar si el mecanismo por el cual un consumidor decide que un vendedor no es digno de su confianza es resultado de un proceso deliberado o automático. Los investigadores llevaron a cabo tres experimentos en los que participaron 102 compradores de lentes para sol: 37 hombres y 65 mujeres.

En el primer experimento los empleados adularon al cliente antes de comprar. En el segundo, lo hacían después.
En ambos casos se dijeron frases como:
"Esos lentes están increíbles", "Creo que se ven bien en ti", "Te quedan muy bien".

En el tercer experimento, el vendedor hablaba amablemente con el comprador, pero este no recibía ninguna adulación.

Después de comprar los lentes de sol, los participantes completaban un cuestionario respecto a la confianza que les brindaron los dependientes que los atendieron. Los resultados del cuestionario fueron muy claros. Incluso cuando la adulación se hace después de la venta, o sea cuando esta no tiene ya ningún sentido, los compradores siguieron desconfiando de quien los atendió.

"La investigación demuestra que los participantes, incluso cuando era obvio que el piropo no tenía ninguna repercusión en la venta, desconfiaban de las palabras del vendedor", afirma Darke. Según el estudio, las sospechas por parte del consumidor son típicas de una sociedad que está atestada de campañas de publicidad y frases hechas. Las personas reaccionan de forma defensiva cuando perciben un intento de manipularlas (53).

Cabe señalar que las ventas no se vieron afectadas negativamente, pero seamos exigentes con lo que el elogio nos ofrece y sus resultados. ¿Cómo es que los elogios funcionan si se perciben como un intento de manipulación? Ser sincero es importante pero no basta, se necesita algo más.

### Si es bonita, dígale inteligente
Si usted es hombre y ve a una mujer hermosa, ¿pensaría que con solo elogiarla por su belleza sería persuadida de alguna forma a su favor?

¿Acaso significa que elogiar no funciona? Por el contrario, los elogios sirven y muy bien, pero deben usarse sabiamente. Lord Chesterfield lo entendía a la perfección: "Una belleza sin competencia, sin duda y consciente de serlo, es de todas las mujeres, la menos sensible a la adulación. Sabe que ese es su propósito (ser bella) y por lo tanto, no se siente agradecida con nadie por serlo. Ella debe sentirse halagada en su comprensión (ser inteligente o sensible), que a pesar de que posiblemente no dude de ella, sí sospecha que los hombres desconfían de que la tenga".

En otras palabras, el halago sí funciona, pero dirigido a la parte vulnerable.

### Saber pescar
Alejandro Sánchez, prestigiado maestro de *Kung-fu*, califica en sus exámenes de grado, la "actitud" con que el alumno realiza algún

ejercicio o forma. Se puede comprender mejor a qué se refiere con "actitud" el *Kung-fu* cuando en *Karate Kid*, Mr. Han (Jakie Chan) instruye a su joven alumno Dre Parker para que tenga buena actitud al quitarse y colgar su chaqueta. Parece algo simple y hasta molesto para Dre, pero hace toda la diferencia al final de la película cuando gracias a eso vence a su rival.

Se trata de la "intención". Y si hablamos de lenguaje, es algo que aquí en palabras escritas no se puede transmitir fácilmente. Una amiga suele decirme "tonto" cuando le digo algo gracioso que la hace reír. Ese "tonto" no me ofende porque lo dice riéndose y con afecto. Un halago es igual; si se dice con una actitud que transmita miedo o hipocresía, se nota y se recibe de mil formas conscientes e inconscientes por el receptor.

### Jalar y soltar: pescar con halagos y negativas

¿Pensaría que las siguientes frases sirven para halagar a una mujer hermosa?

"Qué manos tan grandes, parecen de hombre", "Tu perfume huele raro, como a plástico". "Tienes una lagaña". "Nunca había visto una mujer con caspa".

Pues sí que ayudan, se llaman "negativas". Parece contra intuitivo decirlas pero si se aplican en el contexto correcto y en dosis pequeñas, coadyuva a la posibilidad de seducir a una persona. Es la técnica del pescador: carnada, enganchar, jalar, soltar, jalar y al final sacar.

Si regresamos al ejemplo del halago con relojes de lujo que recomienda Jean-Marie Brücker, recuérdese lo que pasa después de que el vendedor adula el reloj. Inmediatamente después se pide que el cliente prospecto deje su viejo reloj en medio de otros dos nuevos, caros y relucientes. Es una forma de negativa disimulada; el equivalente a un "tienes una lagaña" que ayuda a seducir a que alguien en tiempos de crisis gaste 20 mil dólares o más.

*"No vayas contra lo que es justo para conseguir el elogio de los demás".*
Lao-tsé

# 21. LEY DE LA PRUEBA SOCIAL
## Tanta gente, debe tener razón

*"1.3 billones de chinos no puedes estar equivocados sobre nuestros chistes del jueves."*
Overheardinnewyork.com

**El que más gente piense o haga algo en particular, influye para creer que ese algo es aceptable o bueno.**

Cuántas veces hemos visto a personas amontonadas afuera de una club o bar de moda y pensamos que debe ser un lugar muy *nice* o tan esnobista que nos daría flojera esperar y rogar en la entrada. Es obvio que el cadenero tiene una encomienda básica: hacer que se acumule gente afuera y parecer selectivo. En lugares más democráticos, podemos observar un efecto casi idéntico: los puestos callejeros de comida que tienen mucha demanda, nos hacen pensar que si hay mucha gente aglomerada es que debe ser bueno lo que se consume ahí.

El actuar como "borregos" es meramente un mecanismo de adaptación antropológico muy necesario para la sobrevivencia de la especie, de ahí su poder. Es muy difícil que esa conformidad no nos afecte; es casi imposible porque es una fibra de nuestro tejido social.

La prueba social es la madre de toda ciencia y técnica. Los humanos observamos desde tiempos inmemoriales lo que comen los demás para alimentarse, las plantas que usan para curarse, los lugares donde se refugian. La misma observación se realiza hoy en día en estudios de mercado, en laboratorios farmacéuticos y en proyectos de ingeniería. Si usted amigo lector, que seguramente es gente de mundo, va de safari y ve en su exótico viaje dos arbustos con

121

apetecibles moras. En uno se encuentran tres personas comiendo del mismo, y en el que está a un lado, aunque luce repleto de moras rojas, nadie come. ¿Cuál escogería para alimentarse? Resulta obvio viéndolo de esta forma, pero no lo es tanto en otros aspectos de la vida actual, aunque resulta tan necesario como antes para la sobrevivencia en esta jungla de asfalto.

## Mujeres seleccionando ropa y hombres

Habrá casos excepcionales, pero por lo general "el jardín del vecino siempre es más verde" o en otras palabras, "el vestido que quiere ella es el que quiero yo" o "¿qué hacen tantas mujeres frente a ese aparador?". Por supuesto que los llamados niveles socioeconómicos determinan en parte las preferencias de consumo, pero detrás de eso lo que existe es un vestigio de selección de alimento y vestido. Los antropólogos creen que las mujeres eran las encargadas de seleccionar las semillas óptimas para consumo y siembra.

También seleccionaban las mejores pieles, fibras y materiales para vestido. Lo que antes era simplemente un tema de sobrevivencia, hoy es de sobrevivencia social. La selección de prendas está basada en la prueba social. No, querida lectora, no queremos ofenderla, sabemos que usted es única y no se deja llevar por las demás. Sabemos que siempre está a la vanguardia y que su moda es elitista, pero queremos informarle que la "moda" en términos matemáticos se define como el número que aparece más a menudo en un conjunto. Ejemplo: en {7, 3, 9, 7, 7, 5, 9, 3, 7} la moda es 7 porque se repite más veces. De ahí que una blusa de color morado que está de moda en Europa o la marca de su diseñador favorito o el uso de cierto peinado, no sea más que un número que se repite a menudo en un conjunto, todo gracias a la prueba social. Tan importante es esta ley que la antigua máxima romana: "Donde fueres haz lo que vieres" es de lo más actual. Si no lo cree, vaya a una cena con la reina de Inglaterra o de perdida con el presidente de su país y haga caso omiso a uno de los protocolos. Coma antes de que el anfitrión empiece y use el cuchillo de pescado para untar mantequilla, póngase a hablar en voz alta mientras dan un discurso. Rásquese inocentemente un glúteo, y si es de etiqueta rigurosa, asista con un bonito traje café y con una corbata que no combine. El desagrado con el que lo verá la mayoría puede ser causante inmediato de vergüenza para usted, o de que no lo vuelvan a invitar, a menos de que sea un personaje muy relevante. ¿No sería más fácil ver lo que hacen los demás e imitarlos? No tiene que ir a un curso de *finishing* en Suiza para entenderlo, usted lo sabe de forma innata.

Por las limitaciones de tiempo y por la utilización de la razón en cuestiones más relevantes, las personas evalúan situaciones y cosas basándose en la gente que las rodea. El ejemplo más claro es el de los hombres que están acompañados de mujeres atractivas. En el argot de seducción, a las mujeres que sirven de gancho para que otras crean que determinado sujeto tiene algún valor, se les llama "pivotes". ¡Tan efectiva es la estrategia que hasta tiene un nombre técnico! Puede ser un hombre poco atractivo, pero si es acompañado por varias bellezas, otras mujeres forzosamente voltearán a verlo. Consciente o inconscientemente se dirá: "Pues algo bueno debe tener este tipo". Ni siquiera hace falta mayor averiguación, este solo hecho basta para ser catalogado como un hombre alfa. Se le llama preselección y es tan antigua como el ser humano, y tiene su contraparte. Si una noche el hombre es rechazado por muchas mujeres, las demás difícilmente le darán una oportunidad. Así que si usted es de la idea de que no debe hablarle a más mujeres para que le haga caso aquella por la que muere, pensando que quizá de esa forma lo verá como un buen partido, cambie de estrategia porque así no lo verá como un apetecible y redondo fruto preseleccionado.

### Empleadores ladeados
Puede sonar irracional, de hecho lo es, pero está comprobado que una persona que no ha trabajado en mucho tiempo, es vista como alguien conflictivo, falto de experiencia y de escasos conocimientos. El reclutador no podrá ser objetivo fácilmente, buscará defectos y fallas aunque el candidato pueda ser ideal para el puesto. El sesgo es mayor y domina sobre el verdadero fondo.

De forma idéntica es muy común por ejemplo, que en puestos directivos se encuentren atributos fantásticos en candidatos que han tenido trabajos previos en empresas de marcas conocidas y esto hace que otras empresas los deseen emplear. La percepción que tienen los empleadores potenciales, eleva ostensiblemente el nivel de salario que puede ser ofrecido a una persona y sesga mucho la exploración de un perfil óptimo para ocupar el puesto. Las virtudes se ensalzan y los defectos se pasan por alto. El efecto de halo nuevamente se apodera de la mente y superdota al entrevistado. Una misma persona calificada como "callada" con base en estos criterios, puede ser considerada como tímida si el encuadre es negativo o pensativa si es positivo; arrogante si no ha encontrado trabajo o con personalidad si ha tenido buenas ofertas.

Los políticos entienden muy bien el poder de la prueba social; acarreados o paleros siempre son bienvenidos porque agregan valor. La credibilidad se logra en gran parte por las masas que los aprueban. Su trabajo se reduce a lograr credibilidad más que efectividad.

**Credibilidad = número relativo de personas que aprueban algo + evidencia percibida (aunque no sea verdadera) + recomendación de una autoridad.**

### Música de moda
Varios estudios han demostrado que hay una explicación para el triunfo de un producto: la influencia social. Cuando la gente sabe que otras personas escogen determinadas canciones, libros o películas, se lanzan sin pensarlo a hacer la misma elección. Eso produce una reacción en cadena que provoca y asegura el éxito.

La revista *Science* recientemente publicó un artículo en el que se describen los resultados de un estudio que ha revelado el misterio del éxito de ciertos temas musicales. Este parecía impredecible, pero los investigadores han descubierto al menos una de las causas que más lo determinan.

Según esta investigación, la gente selecciona una determinada canción, libro o película, si creen que el producto gusta a los demás, por lo que se produce un efecto en cadena de repercusión de la obra seleccionada.

124

Los autores del estudio aseguran que el éxito por tanto tiende a crecer como consecuencia de este efecto: cuanta más gente escucha una canción, mayor cantidad de personas se unen al gusto por ese tema.

Un total de 14,341 personas participaron en la investigación de una página web para adolescentes, siendo en realidad un mercado artificial de música. Se les pidió que escucharan canciones y que después puntuaran los temas escuchados en una escala del 1 al 5.

A continuación los participantes podían descargar los archivos con las canciones. Los investigadores ofrecían una selección de 48 temas que no eran famosos tomados de otra página, un espacio *online* en el que los grupos pueden crear sus propias páginas para colocar en ellas sus canciones para quien quiera descargarlas.

Algunas canciones resultaron más populares que otras, pero los grupos de personas no siempre escogían los mismos temas. También, las canciones más escogidas por todos los participantes, variaban de posición en las listas de popularidad dependiendo de cada grupo de los encuestados.

Si bien este estudio demuestra que la influencia social es un factor determinante para nuestra forma de actuar y que por ende, las canciones reflejan que lo popular o lo impopular se genera en parte por la influencia entre los individuos. También es cierto que es difícil predecir qué canción será la más exitosa ya que entre más influencia social existe, más impredecible se vuelve todo.

Se demostró que la calidad de las canciones influye con las siguientes predicciones:

- Las mejores canciones casi nunca son impopulares.
- Las peores casi nunca tienen éxito.
- Las elecciones de los demás afectan de alguna forma las decisiones individuales (54).

## Los borregos karatecas

El maestro Daiki meditaba en su jardín mientras sus alumnos practicaban karate dentro del *Dōjō*. Su alumno más débil, Amida, lo observaba de lejos desde el suelo y con sudor en los ojos, mientras uno de sus compañeros aplicaba una dolorosa llave en su brazo izquierdo. Miraba al maestro como en un sueño, imaginaba la paz que el maestro Daiki sentía en ese bello jardín y eso lo hacía abstraerse de su dolorosa realidad, que como era costumbre, era implacable con su debilidad física. El maestro Daiki parecía ignorar a Amida y más de una vez sus compañeros lo golpeaban de forma abusiva, aprovechándose de su desventaja corporal y de que el maestro no decía nada al respecto.

Ese día, mientras Amida yacía en el suelo, Daiku se levantó de la posición de meditación y gritando desde su estómago una palabra poderosa y mortal, se abalanzó estrepitosamente a golpear a un grupo de caballos que eran escoltados por soldados. Era la cuadrilla imperial pastando en el jardín del maestro.

Los poderosos golpes del maestro mataban uno a uno a los caballos, de un solo golpe eran tirados al suelo sin vida. Los alumnos viendo esto gritaron con furia y corriendo se dispusieron a ayudar a su *sensei*. Los soldados trataron de defenderse pero los karatecas molieron a golpes a los tres armados e imponentes personajes imperiales. El joven Amida no reaccionó, quedándose sentado dentro del *Dōjō*.

Cuando terminó la pequeña batalla, el maestro regresó a su lugar de meditación tranquilamente y sin hacer ningún comentario. Los alumnos sorprendidos y aun exaltados corrieron hacia él diciéndole: Maestro, ¡faltaron a su honor! Hicimos lo que pudimos para ayudarle y no nos dice nada. Daiku abrió los ojos y contestó: Esta fue la última lección que les puedo dar. Ya fue seleccionado mi sucesor. Azorado el alumno más avanzado y fuerte replicó: ¿Acaso soy yo *sensei*? Daiku mostró una sonrisa socarrona y dijo: Amida lo será. Enfurecidos replicaron varios: Pero es un debilucho, durante más de 15 años ha perdido cada enfrentamiento, tiene todos los huesos rotos y le quedan pocos dientes. Daiku cerró los ojos y dijo:

Amida está forjado, es acero de una espada que he estado afilando y puliendo pacientemente para este día. Todos ustedes en cambio son borregos; débiles seguidores del rebaño. Váyanse.

Daiku quedó sentado en la misma posición por horas, incluso cuando los soldados del emperador regresaron a masacrarlo sin que él se defendiera, su expresión era de paz y felicidad. El joven Amida fundó una nueva escuela de karate que subsiste hasta nuestros días y que gana la mayoría de torneos mundiales. Una escuela donde la meditación y paz reinan sobre la reacción irreflexiva. Su lema es: "Somos acero, no borregos".

Cuídese de seguir al rebaño, mejor haga que varios sigan lo que usted propone y vea cómo eso funciona como un magneto que atrae más y más credibilidad y admiración conforme crece su grupo.

*"La gente es como aquellos peces que se siguen unos a otros, no lo pueden evitar porque eso les ayuda a sobrevivir comiendo en grupo... esto beneficia también a otros peces más grandes que los devoran ya juntos."*
*Dr. D*

# 22. LEY DE LA SIMPLICIDAD
## Te quiero porque te entiendo

*"KISS: Keep it simple stupid".*
Ejército norteamericano

**Si expresa algo de manera simple, agradará e influirá mejor.**

En esta era de la sobreinformación es imposible que algo complicado funcione sin llegar a confundir más. Si el objetivo es crear una nube de humo, ¡perfecto! Pero si se trata de convencer, vender, seducir, o simplemente comunicarse, la complejidad es un gran enemigo.

Leonardo da Vinci decía que la simplicidad era la última sofisticación. Nótese que la obra pictórica más famosa de todos los tiempos, la que usted en este momento tiene en mente, es una mujer sencillamente ataviada, sonriendo. No es una obra puntillista ni una escena barroca y complicada. Pero, ¿qué le sugiere el saber que Leonardo tardó una vida entera en realizar esta obra que él consideraba permanentemente inconclusa pero simple?

La respuesta la tiene Winston Churchill con su famosa frase: "Si tengo que dirigir un discurso de dos horas, empleo diez minutos en su preparación. Si se trata de un discurso de diez minutos, entonces me lleva dos horas...". Gente cercana a él constataba que un discurso de 40 minutos podía demandarle entre seis y ocho horas de preparación y ensayo. Churchill ponía el foco en un solo tema por discurso y terminaba con un llamado a la acción. Tenían con frecuencia anotaciones al margen con indicaciones escénicas como "pausa", para darle tiempo al auditorio de asimilar las ideas lanzadas y de experimentar las emociones que transmitía.

Aunque algo sea simple, no significa que sea fácil. Fíjese en los aparatos que vende *Apple*. El primer *iPod* que salió al mercado y fue una revolución, en apariencia nada más tenía un botón. ¡Qué simple! Imagine lo que esa simplicidad tiene detrás en inversión de tiempo e ingenio.

## Stephen Hawking es simple

Veamos qué dice hoy el científico vivo más reconocido del mundo sobre la descripción de la complejidad del Universo.

Un modelo es satisfactorio si:
1) Es elegante.
2) Contiene pocos elementos arbitrarios o ajustables.
3) Concuerda con las observaciones existentes y proporciona una explicación de ellas.
4) Realiza predicciones detalladas sobre observaciones futuras que permitirán refutar o falsear el modelo si no son confirmadas.

Obsérvese en las propias líneas citadas lo hermosa que es una mente genial como la de Stephen Hawking, lo sencilla y concreta. El punto primero y quizás más relevante es que el modelo sea elegante, según sus palabras: "La elegancia, por ejemplo, no es algo que se mida fácilmente, pero es muy apreciada entre los científicos porque las leyes de la naturaleza significan comprimir un número de casos particulares en una fórmula sencilla" (55).

Sea inteligente y no complique las cosas. Recuerde que los anuncios más exitosos son los que contienen pocas palabras. Los vendedores más efectivos son los que no usan palabras rimbombantes ni los que tecnifican su lenguaje. Las pinturas más estéticas, la arquitectura más admirable y las fórmulas más poderosas ($E=mc^2$) son sencillas.

## Reglas simples
1. Quite. Reste lo innecesario y lo obvio.
2. Ponga. Solo agregue lo significativo.
3. Organice. Catalogue, separe lo diferente, junte lo parecido.
4. Pasión. Ponga mucha emoción y entusiasmo.

5. Contexto. Lo que está alrededor es tan importante como la idea principal.
6. Tiempo. Invierta mucho en crear y haga a la gente esperar poco.

## Escriba complicado para parecer tonto

Siempre pensamos que escribir con palabras rebuscadas hará que la gente piense que somos brillantes, pero es todo lo contrario. En un estudio en el que se modificaba cierto texto para ver cómo los lectores juzgaban la inteligencia del autor, se encontró que a medida que el texto se hizo más complicado, los lectores dieron estimaciones más bajas de la inteligencia del autor (56).

## Los nombres difíciles son peligrosos

Estudios encontraron que un aditivo de alimentos llamado "Hnegripitrom" se consideró un punto porcentual más peligroso que "Magnalroxate". Si se hace el ejercicio de repetir en voz alta ambos nombres, uno puede darse cuenta que si bien el segundo no es un nombre bello y entendible, al menos se puede pronunciar, a diferencia del primero.

El mismo efecto se encontró en un parque de diversiones ficticio. Un juego llamado "Chunta" se creía mucho más seguro que el sonido relativamente peligroso "Vaiveahtoishi" (57).

## Compre acciones con nombres pronunciables

Un estudio sugiere una manera de aumentar ganancias en el mercado de valores. Los investigadores se preguntaron si las empresas con códigos pronunciables en los servicios de información instantánea *ticker* de cotizaciones de bolsa (como el de *Google*, que se escribe GOOG), se benefician del efecto de la fluidez con que se pronuncian y así se vuelven más rentables en el mercado.
Probaron esta idea con datos reales del mercado de valores, controlando el sector de la industria y la posibilidad de que las empresas más rentables pueden tener nombres más sencillos. Después de analizar los datos se encontraron que si se invierte en

empresas con acciones pronunciables en los *tickers*, el beneficio es 10% mayor en tan solo un día de operación (58).

Sabiendo esto quizás STIWSB, FTSE, GMXRPR deberían cambiar de nombre abreviado a TOM, LIK y KIS.

## Lectura fluida, compra segura

Se experimentó con la fluidez en la percepción de algunos productos electrónicos, haciendo una lista de sus características con un tipo de letra fácil de leer y otra con uno difícil. La fácil de leer duplicó el número de personas dispuestas a comprar el producto (59).

## Explicación simple

Un vikingo adulto enseñaba a su hijo el arte de hacer barcas. No era costumbre hacer algo más complicado de lo que la tradición dictaba, pero ellos estaban decididos a construir la más bella y resistente de todas las barcas vikingas.

Un día se acercó el jefe de la tribu a ver la construcción y reprendió fuertemente al padre. No tardó en llegar un grupo de enormes hombres barbados a destruir la barca. El niño llorando, le preguntó a su padre qué es lo que pasaba. El serio vikingo le contestó: "Es simple hijo, la barca del jefe no es tan buena como la nuestra." El niño respiró profundamente y sin que tuviera que pedírselo, dejó de llorar.

Piense siempre como Einstein: usted no entiende realmente algo a menos que sea capaz de explicárselo a su abuela. La venerable señora y cualquiera que lo escuche, pensará que usted es más inteligente y persuasivo.

*"Nada es más sencillo que la grandeza; de hecho, ser sencillo es ser grande".*
Ralph Waldo Emerson

# 23. LEY DEL YO SOY
## Todos somos uno

> "Yo soy el que soy".
> (Ex 3,13-14)

**Todos compartimos un espíritu que nos une, si se recuerda esta verdad nos reconocemos en el otro y ganamos todos.**

El "chi "y el "tao" de los chinos, el "ki" de los japoneses, la "fuerza" de *Star Wars,* el "espíritu" de los occidentales, el "om" de los hindús, el "intento" de los nahuales, el "yo soy"... todo es lo mismo; se refiere al ser esencial, al pedazo de Dios que tenemos dentro.

Sabemos que mucha gente pensará que esta idea puede ser supersticiosa o carecer de fundamento científico y por eso se dejó para el final. No se tratará de convencer a nadie de que existe algo llamado ser esencial, y que no es la mente ni la consciencia, sino la supraconsciencia, la que está por encima de la mente, la que en realidad es una sola en todos los seres y de la cual provenimos. Solo se expondrá para quien deseé utilizarla.

### Sincronicidad
Al observar un banco de peces sincronizados o una parvada de patos en formación perfecta, podemos darnos cuenta de que todo en el Universo está igualmente coordinado por algo invisible. O cómo explicar que ciertos animales comen cierto tipo de planta y que la planta desarrolla defensas y engaños para prevenir ser comida, y que a su vez esos animales son comidos por otros que los engañan con un camuflaje que es del mismo color que las plantas que los rodean. ¿No denota esto una inteligencia moderadora y organizativa?

Comer y ser comido es un círculo perfecto de alimentación y defensa. ¿Quién orquesta toda esta sinfonía infinita?, ¿el azar? Tal vez, pero aun si el azar lo hiciera en una danza arrítmica y caótica, esta acabaría por tener son, ritmo y compás en el tiempo. Incluso si fuera una cuestión de casualidades que confluyeron en el grato mundo que ahora mismo observamos, tiene que haber forzosamente una fuerza unificadora que coordine esos movimientos y coincidencias entre seres vivos e inertes. Las piedras tienen casi los mismos elementos que nosotros, no respiran pero somos parte de lo mismo. Algo debe unirnos y orquestar toda esa danza de la realidad. Ese quinto elemento es el "yo soy".

Si se lleva a cabo esta ley, no se necesita ninguna de las demás porque es la realización de entender que todos somos uno. Es el equilibrio perfecto, algunos le llaman el "ganar-ganar". No trato de convencerle de algo que no quiera hacer, se trata de establecer un entendimiento profundo entre dos personas para fluir mejor. Si yo quiero venderle algo y usted no lo quiere, ¡no lo compre! Pero si lo que le vendo es útil para usted no esté a la defensiva, no me trate mal y mejor aproveche un entendimiento profundo que va de mí y hacia usted para llegar al mejor acuerdo.

Si yo tengo la mejor de las intenciones de ayudarle porque me nace hacerlo de corazón o porque simplemente lo que yo haga es inocuo y no le dañará, seguramente usted participará, me dejará o inclusive me ayudará a hacerlo.

**Voluntad consciente**
En programación neurolingüística y en ejercicios de hipnosis podemos constatar científicamente que influir a un individuo en un estado "alterado" de consciencia es posible; no es ningún tema esotérico ni metafísico. Es algo que sucede y no depende de nuestra imaginación. Este mismo efecto pero potenciado puede aplicarse con la ley del yo soy. El principio es muy sencillo, se trata de pensar que "yo estoy en mí mismo y en la otra persona". Quizás nunca sepamos cómo funciona. Si es porque inconscientemente transmitimos información con nuestro lenguaje corporal, o

mediante hormonas, o por ondas electromagnéticas generadas por el cerebro o es solo una inducción mediante el lenguaje verbal. Tal vez son todas juntas o ninguna de ellas. No es relevante, el hecho es que funciona y puede ponerse a prueba.

John Maxwell Taylor en su libro *El poder del yo soy* nos explica ocho pasos para lograrlo:

1. ***Disposición para hacer el trabajo (voluntad consciente).*** Se refiere a querer hacerlo y practicar. Como en todo conocimiento se necesita constancia y disciplina para poder dominarlo. Es enfocar la mente, el cuerpo y las emociones para querer hacerlo, para tener la intención.

2. ***Autobservación.*** Su nombre no lo define, ni lo que usted abarca como identidad. Yo no soy Alejandro o Rebecca o Juan. Usted es un observador externo de sí mismo, así imagínelo. En este momento véase a sí mismo sentado leyendo el libro. Observe cómo respira, cómo tiene rasgos que no había descubierto. No se trata de estar "flotando" pero sí de un sutil alejamiento de nosotros mismos, ligeramente ajenos.

3. ***Enfocarse en el cuerpo.*** Creemos que todo está en nuestra cabeza, la gente alrededor también así lo cree. Cuando hablamos lo hacemos exprimiendo a nuestro cerebro con la información que creemos necesitar. El cuerpo es olvidado y nos convertimos en cabezas parlanchinas. Nuestro poder está en el cuerpo, debemos recordarlo siempre. Que su mente vea su cuerpo, que lo recuerde y piense en él.

4. ***Percepción y sensación.*** Tenga conciencia de sus piernas, brazos y respiración al hablar con alguien, jugar tenis o escribir un libro, y verá la diferencia en su desempeño y en la calidad de comunicación que puede lograr.

5. ***No identificarse y no reaccionar.*** Con la misma autobservación del punto 2, aprenda a observarse cuando tenga un pensamiento autolimitante, cuando la mente y su ego tengan un diálogo interno que diga tal o cual cosa

negativa de alguien, algo o de usted mismo, obsérvese desde afuera y comprenda que ese no es usted. No tiene que criticarse a sí mismo por sentir enojo, celos, envidia o lo que sea, solo debe observar y comprender que ese es su ego y no es usted realmente. Lo mismo sucede con las reacciones, si está a punto de contestar a su novia de forma negativa porque se siente ofendido por algo que dijo, observe y entienda que usted, al ser el observador puede entender que no vale la pena reaccionar. Esto le ahorrará mucha energía y cambiará la dinámica del diálogo interno y externo que tiene su ego.

6. *Ver ojo a ojo.* Los ojos son las ventanas del alma. Si usted es diestro seguramente el ojo que refleja su personalidad (ego) es el derecho, y el que le permite ver y dejar ver su ser esencial es el izquierdo. Queremos reconocer y ser reconocidos por nuestra parte esencial, por lo que tenemos en común. Para lograr eso mire casualmente y fije la vista en el ojo esencial de las personas a las que se dirija. Con su ojo izquierdo vea a la gente diestra a la pupila izquierda. Si usted o ella son zurdos, es al revés.

7. *Divida su atención.* No se pierda en los demás, ni preste atención al 100% a cualquier objeto sea de la índole que sea. También ponga su atención siempre en usted mismo. Al salir nosotros de la ilusión del ensimismamiento, ayudamos a las personas de nuestro alrededor a salir también. Es más fácil vender o comprar en este estado de entendimiento esencial.

*"Uno a uno, todos somos mortales; juntos, somos eternos".*
Francisco de Quevedo

# Referencias y citas bibliográficas

1. **Poeta, El Gato.** El Gato Poeta. [En línea] abril de 2008.
http://el-gato-poeta.blogspot.mx/2008_04_01archive.html.
2. **Garin Guzman, Loreto y Zukerfeld, Federico.** Reciprocidad.
[En línea] abril de 2008.
http://www.cceba.org.ar/CatalogoSala_Nov09.pdf.
3. *Tidd, Kathi L., and Joan S. Lockard. 1978. "Monetary Significance of the Affiliative Smile: A Case for Reciprocal Altruism.".* **Tidd, Kathi L. y Lockard , Joan S.** 1978, Bulletin of the Psychonomic Society.
4. **Cialdini, Robert B.** *Influence: The Psychology of Persuasion.* New York, NY : Quill/William Morrow, 1993.
5. *Is Equality Passé?: Homo reciprocans and the future of egalitarian politics. .* **Bowles , Samuel y Gintis , Herbert.** 1998, Boston Review.
6. **Voltaire.** Diccionario filosófico de Voltaire. [En línea] 1901.
http://www.filosofia.org/enc/vol/e03095.htm.
7. **Dalí, Salvador.** Fragmento de las "Confesiones Inconfesables" .
[En línea] 2003.
8. **Ciphra.** *Estudios de mercado de empresas anónimas.* 2011.
9. **Coleman, Daniel.** La práctica de la inteligencia emocional. [En línea] 1998.
http://webs.uvigo.es/pmayobre/master/textos/evangelina_garcia/
practica_inte_emocional.pdf.
10. **Pacheco, Ana Belén.** Crítica de Destellos de genio. [En línea] 2009. http://www.muchocine.net/criticas/9756/Destellos-de-genio.
11. **Board, The British Library.** Management and Business Studies Portal. [En línea]
http://www.mbsportal.bl.uk/taster/subjareas/busmanhist/mgmtthinkers/mayo.aspx.
12. **Rosenthal y Jacobson.** Lecture Elaboration: Rosenthal's Work on Expectancy Effects. [En línea] 1963.
http://psych.wisc.edu/braun/281/Intelligence/LabellingEffects.htm.
13. **Elliott, Jane.** http://www.janeelliott.com/. [En línea] 2012.

14. **López, Alfredo.** Diez curiosas anécdotas de famosos pintores. [En línea] 2011. http://blogs.20minutos.es/.

15. **Salinas de Gortari, Carlos.** Milenio.com. *Ni neoliberalismo ni populismo: democracia republicana.* [En línea] 02 de 2010. http://www.milenio.com/cdb/doc/impreso/8724955?quicktabs_1 =0.

16. **Osgood y Tannenbaum.** Communication Institute for Online Scholarship. [En línea] 1955. http://www.cios.org/encyclopedia/persuasion/Ccongruity_theory _3osgood.htm.

17. **Festinger, León.** [En línea] 1957. 156.35.33.98/reunido/index.php/PST/article/download/7155/701 9.

18. **Alfred.** El Anecdotario de Alfred. [En línea] 2012. http://anecdotas.com.es/category/politicos/.

19. **Hobfoll.** [En línea] 2001. http://www.monografias.com/trabajos83/psicologia-positiva-organizacional/psicologia-positiva-organizacional2.shtml.

20. **Harford, Tim.** *La lógica oculta de la vida.* s.l. : Grupo Planeta, 2008.

21. **Garrigasait, Marc.** [En línea] 2008. http://investorsconundrum.com/2008/05/27/un-ejemplo-para-entender-la-bolsa-los-monos-y-los-campesinos/.

22. **Godin, Seth.** Seth Godin´s Blog. [En línea] 2008. http://sethgodin.typepad.com/seths_blog/2008/07/scarcity.html.

23. *Behavioral study of obedience.* **Milgram, Stanley.** 1963, Journal of Abnormal and Social Psychology.

24. **McLeod, S. A.** Milgram Experiment. [En línea] 2007. http://www.simplypsychology.org/milgram.html.

25. *Living Large: The Powerful Overestimate Their Own Height.* **Duquid, Michelle M. y Goncalo, Jack A.** 2011, http://digitalcommons.ilr.cornell.edu/articles/456/.

26. **Forward, Susan.** *Chantaje Emocional.* s.l. : Diana, 2006.

27. *'Superstition' in the pigeon.* **Skinner, Burrhus Frederic.** 2, s.l. : Journal of Experimental Psychology, 1948, Vol. 38.

28. **Gordoa, Víctor.** *El poder de la imagen pública.* México, D.F. : Debolsillo, 2007.

29. *Does Being Attractive Always Help? Positive and Negative Effects of*

*Attractiveness on Social Decision Making.* **University of Applied Management, Erding, Germany.** 2006, Journal of Experimental Social Psychology, págs. 46, 1151-1154.

30. **DDI.** *Lessons for leaders from the people who matter.* 2011.

31. **Elffers, Joost y Greene, Robert.** *Las 48 leyes del poder.* s.l. : Atlántida, 2010.

32. **Harford, Tim.** *The Logic of Life: The Rational Economics of an Irrational World.* s.l. : Random House Trade Paperbacks, 2009.

33. **Levitt, Steven.** *Freakonomics.* s.l. : William Morrow Paperbacks, 2009.

34. *Experimental Studies of Consumer Demand Behavior: Towards a Technology of Making the Slutsky-Hicks Theory Technologically Applicable to Individual Behavior.* **Batallio, Raymond C. y Kagel, John H.** s.l. : Advances in Consumer Research, 1975, Vol. 2.

35. **Campos , Vicente.** http://vicentecampos.com/. [En línea] 22 de 12 de 2011. http://vicentecampos.com/un-aliado-que-trabaje-mientras-duermes/.

36. *Mere exposure: A gate to the subliminal.* **Zajonc, R.B.** 2011, Current Directions in Psychological Science.

37. **Reich, Wilhelm.** http://michaeljgoodnight.com. [En línea] 2013. http://michaeljgoodnight.com/_Memes%20Books/Chesed-Gevurah/Wilhelm%20Reich%20-%20The%20Mass%20Psychology%20of%20Fascism%20-%203rd%20Edition.pdf.

38. **Aguiló, Alfonso.** www.fluvium.org. [En línea] 2013. http://www.fluvium.org/textos/etica/eti557.htm.

39. www.lectlaw.com. [En línea] 2013. www.lectlaw.com.

40. **Goodman, Andrew.** *Influencing the Judicial Mind.* s.l. : XPL Publishing, 2006.

41. **Simpson, Troy.** Persuading Judges in Writing: Tips for Lawyers (And how technology can help). [En línea] 2007. http://www.llrx.com/features/persuadingjudegesinwriting.htm.

42. **Reagan, David.** Learn the Bible. [En línea] 2013. http://www.learnthebible.org.

43. *The many methods of religious coping: Development and initial validation of the RCOPE.* **Kenneth, I. Pargament.** 4, s.l. : Journal of Clinical Psychology, 2000, Vol. 56.

44. **Hernandez, G.B.** Vanidades. [En línea] 2013.

http://www2.esmas.com/editorial-televisa/vanidades/salud/061553/function.date.

45. **Fleming, Chase.** Stanford study shows how metaphors shape the debate about crime fighting. [En línea] 2011. http://www.communicationstudies.com/stanford-study-shows-how-metaphors-shape-the-debate-about-crime-fighting.

46. **Thibodeau, Paul y Boroditsky, Lera.** Natural Language Metaphors Covertly Influence Reasoning. [En línea] 2013. http://www.plosone.org/article/info%3Adoi%2F10.1371%2Fjournal.pone.0052961#pone.0052961-Schn2.

47. **Piglia, Ricardo.** Formas breves. [En línea] 1986. http://fba.unlp.edu.ar/apreciacion/wp-content/uploads/2011/05/Formas-Breves-Piglia.pdf.

48. **Elle.** http://www.quien.com/. [En línea] 2011. http://www.quien.com/espectaculos/2011/03/22/laura-y-kate-mulleavy-el-factor-sorpresa.

49. **Kalat, James W.** *Biological Psychology.* Belmont, Calif.: Wadsworth : Cengage Learning, 2009. págs. pp. 357–358.

50. **Godin, Seth.** In Praise of the Purple Cow. [En línea] 2003. http://www.fastcompany.com/46049/praise-purple-cow.

51. **Mays, Aaron.** www.kellogg.northwestern.edu. [En línea] 2010. http://www.kellogg.northwestern.edu/News_Articles/2010/ithai-stern.aspx.

52. **Binkely, Christina.** WSJ. [En línea] 2009. http://online.wsj.com/article/SB10001424052970203517304574304322707126380.html.

53. **Ray, Barry.** business.fsu.edu. [En línea] 2013. https://business.fsu.edu/press/darke.cfm.

54. *Experimental Study of Inequality and Unpredictability in an Artificial Cultural Market.* **Watts, Duncan, Salganik, Matthew J. y Sheridan Dodds, peter.** 2006, Science.

55. *El gran diseño.* **Hawking, Stephen y Mlodinow, Leonard.** 2010.

56. *Consequences of erudite vernacular utilized irrespective of necessity: problems with using long words needlessly.* **Oppenheimer, Daniel M.** 2005, Applied Cognitive Psychology.

57. *If It's Difficult to Pronounce, it must be risky.* **Song, Hyunjin y Schwarz, Norbert.** s.l. : Psychological Science, 2008,

PSYCHOLOGICAL SCIENCE.
58. *Predicting short-term stock fluctuations.* **Adam, L. Alter y Oppenheimer, Daniel M.** 2006, PNAS.
59. *Preference fluency in choice.* **Novemsky, Nathan, y otros, y otros.** No. 3, s.l. : Journal of Marketing Research, 2007, Vol. Vol. 44.
60. **Inteligencia-Emocional.** inteligencia-emocional.org. [En línea] 2013. http://www.inteligencia-emocional.org/investigaciones/nuevosexperimentossobreelprocesamiento.htm.
61. **Goodman, Andrew.** *Influencing the Judicial Mind: Effective Written Advocacy.* s.l. : XPL Publishing, 2006.

Instituto especializado en cursos empresariales y personales de persuasión, dirigidos a todo aquel que deseé mejorar la calidad persuasiva de sus mensajes.

- *Negocie con palancas psicológicas poderosas*
- *Convenza e influya a los demás de manera efectiva*
- *Venda ideas y cualquier cosa con éxito*
- *Sea libre y decida por usted mismo*

Informes en:

# www.persuasion.mx

Made in the USA
Las Vegas, NV
27 October 2022